汉译电影大师访谈

商务印书馆（成都）有限责任公司出品

异端的影像
—— 帕索里尼访谈录

PASOLINI RILEGGE PASOLINI
Intervista con Giuseppe Cardillo

〔意〕皮耶尔·保罗·帕索里尼 著
艾敏 等译

商务印书馆
SINCE 1897 The Commercial Press

Pasolini Rilegge Pasolini
Intervista con Giuseppe Cardillo
edited by Luigi Fontanella
All rights reserved
©2005 Graziella Chiarcossi
©2005 RCS Libri S.p.A.,Milan

中国电影艺术研究中心·北京电影学院人文社科研究院
"汉译电影学名著"

编委会

顾　问：蔡赴朝　赵　实　张丕民　童　刚　张宏森　陈景亮　余秋雨
　　　　侯光明　孙立军　李　欣　倪　震　郑洞天　喇培康（排名不分先后）
策　划：丛晓眉　周　易
主　编：张红军　单万里
副主编：皇甫宜川　李　洋　徐　枫　章　明　林　韬　徐　辉
编　委：艾　敏　陈晓云　陈育新　戴锦华　戴　宁　杜小真　和　静
　　　　傅郁辰　胡　克　韩君倩　靳文华　李道新　李二仕　李　迅
　　　　连秀凤　刘浩东　陆绍阳　梅　峰　孙向辉　石　川　滕国强
　　　　杨远婴　同于京　王东亮　王文融　王　群　王琼琼　王竹雅
　　　　吴冠平　吴　青　张献民　张叶青　张文燕　张宗伟　枝菲娜
　　　　周健东　朱怡力　赵卫防

国际电影学术顾问

（英文字母为序）

达德利·安德鲁，ANDREW, DUDLEY
美国著名电影学者，曾任美国爱荷华大学电影学教授，现为美国耶鲁大学电影与比较文学教授。

雅克·奥蒙，AUMONT, JACQUES
巴黎三大影视学院院长、教授，法国高等社会科学研究院院士，著名电影学家。

雷蒙·贝卢尔，BELLOUR, RAYMOND
法国著名电影学家，巴黎三大教授、博士生导师，现任巴黎三大影视学院院长、法国高等社会科学研究院（E.H.E.S.S.）院士。

珍尼特·伯格斯特龙，BERGSTROM, JANET
美国加州大学戏剧电影电视学院教授，著名电影学者，女权主义电影研究专家。

大卫·波德韦尔，BORDWELL, DAVID
国际著名电影理论家，原美国威斯康星－麦迪逊大学传播学院艺术系名誉教授，现任法国电影资料馆顾问。

弗朗切斯科·卡塞蒂，CASETTI, FRANCESCO
著名电影理论家、意大利米兰教会大学电影学教授，曾任巴黎三大和耶鲁大学教授。

米歇尔·希翁，CHION, MICHEL
法国著名电影学家，电影声音研究专家。

让－路易斯·科莫里，COMOLLI, JEAN-LOUIS
法国著名电影批评家，《电影手册》前主编（1966—1971），制作人，巴黎八大教授。

玛丽·安·多恩，DOANE, MARY ANN
美国布朗大学现代文化与传播学教授，著名女权主义电影学者。

斯迪芬·希思，HEATH, STEPHEN
美国著名电影理论家，教授。

格特鲁德·科赫，KOCH,GERTRUD
柏林自由大学戏剧学院教授，西格弗里德·克拉考尔研究专家。

E. 安·卡普兰，KAPLAN, E. ANN
美国纽约大学人文学院院长，教授，著名女权主义研究专家，电影学者。

让-路易斯·勒特拉，LEUTRAT, JEAN-LOUIS
巴黎三大教授，法国著名电影史学家。

苏珊娜·林德拉-吉格，LIANDRAT-GUIGUES, SUZANNE
法国里尔三大电影学教授，电影研究学者。

科林·迈凯布，MACCABE, COLIN
英国匹兹堡大学教授，伦敦大学伯克贝克学院英文和人文科学教授，著名电影学家。

托比·米勒，MILLER, TOBY
美国纽约大学教授，著名媒体与文化研究学者，电影学家。

劳拉·穆尔维，MULVEY, LAURA
英国伦敦大学伯克贝克学院电影与传媒系教授，著名女权主义电影研究专家。

托玛斯·沙兹，SCHATZ, THOMAS
美国德州大学奥斯汀广播电影学院教授，著名电影类型学研究专家。

罗伯特·斯塔姆，STAM, ROBERT
美国纽约大学教授，著名电影学家。

彼得·沃伦，WOLLEN, PETER
英国著名电影学者，电影符号学研究专家，导演，加州大学电影系教授。

20世纪60年代后期帕索里尼访问纽约时,在街头散步

帕索里尼在纽约餐厅与朋友在一起

帕索里尼在橱窗前

帕索里尼在与朋友谈话

帕索里尼在纽约街头

帕索里尼在纽约街头

帕索里尼在纽约街头

帕索里尼在纽约街头橱窗前伫立

帕索里尼在纽约街头

现在我们就生存于这种现实之中,
非常冷酷的现实,但我们得去调适自身。
我们的记忆一向不好。
我们面对的是今天发生的事情:

    因为忍耐而造成的压抑是所有压抑中最残酷的。

—— 皮耶尔·保罗·帕索里尼

第 I 部分
朱塞佩·卡尔迪洛对帕索里尼的访谈

引言：**帕索里尼精神 路易吉·丰塔内拉** 003

1. 帕索里尼的声音 003
2. 平民诗人帕索里尼 005
3. 第一次来纽约 007
4. 1966—1969 辉煌岁月 014
5. 纽约，1969 年 017
6. 《新戏剧宣言》：思想舞台演出的真正的主人公 021
7. 诗歌：超越时间、空间和任何形式的消费主义 025

朱塞佩·卡尔迪洛对帕索里尼的访谈 030

第 II 部分
奥斯瓦尔德·斯塔克等对帕索里尼的访谈

文化背景：家庭、社会、政治与电影 077

《乞丐》 100

《罗马妈妈》 108

《软奶酪》 113

《爱情集会》和《愤怒》 118

《马太福音》及幕后故事 123

《大鸟与小鸟》 141

《从月亮所见到的地球》和《云是什么？》 151

《俄狄浦斯王》和《爱情与愤怒》 173

工作风格、计划和戏剧 182

电影与理论 196

《定理》和意识形态危机 207

生命三部曲：《十日谈》《坎特伯雷故事集》和《一千零一夜》 213

政治与性：帕索里尼评萨德 217

《萨罗或索多玛的120天》 234

附录　帕索里尼生平与创作年表 254
　　　帕索里尼影片一览 262

译后记 265

第 I 部分

朱塞佩·卡尔迪洛对帕索里尼的访谈

引言 帕索里尼精神

路易吉·丰塔内拉[①]

1. 帕索里尼的声音

首先，我想谈一谈帕索里尼的声音。我想，对于喜欢听帕索里尼演讲的人，听到那声音一定会有一种震撼，那是一种别有风韵的"享受"，每次听完都会感到很独特。在1969年的这次采访中，他的声音毫无异议地证明了这点。[②]

皮耶尔·保罗的声音悦耳动听，令人为之倾倒：他在讲话时，似乎是把话语轻轻一带而过，优雅地把它们传送给其对话者。他讲话时带着清新的气息，清新得像露水（最贴切的词也许是露珠——弗留里方言中的 rosada——这个词很关键，正是

※ 说明：页下注均为译者注，原注以章后注标识，以便区分。本书第一部分原注请见第70页到第73页，第二部分原注请见第240页到第253页。

① 路易吉·丰塔内拉（Luigi Fontanella），诗人、批评家。现任纽约大学意大利文学教授、美国意大利诗歌研究会主席、《格拉迪瓦》杂志主编。

② 原书附有访谈录的录音带。

这个闪耀着诗的光芒的词启迪了帕索里尼的灵感，使他产生了用家乡方言弗留里话写诗的冲动）。这种清新几乎像香水或者说像一块普鲁士香皂一样散发着无比的芬芳，从中您可以发现生命中最富有活力和最真实的部分。一个像我这样有机会聆听过帕索里尼说话，听到过他朗诵自己的诗歌的人，知道我这里指的是什么。

他的声音清晰、语气平静，但我们仍然可以从他那轻松的语调里，感受到他要向我们传达的那种深刻的含义和丰富的情感。我的意思是说，他那尖刻的话语能够击败对方，他那深邃的哲理对于对话者来说，像石头一样沉重地压在他们的心坎上。他的推理极富逻辑性，且内涵丰富，语言简练。他讲话时充满了激情，富于逻辑和哲理性，在循序渐进的推理中，使听众情不自禁地被其打动，这种情景我只在恩里科·贝林格①身上见到过。当然，在这里，我并不是生硬地把他们两人拉扯到一起，仅仅指的是，这两个引人入胜的"声音"，能够打动听众的心。

总而言之，像帕索里尼这样能够打动听众的文人，在他同时代的意大利文人中是凤毛麟角。他的讲话有说服力，能够紧紧地把您吸引住，让您参与其所阐述的论题中。同时，他在演讲中，能准确地抓住并突出那些令人困惑的、棘手的问题，把那些问题理出个头绪来，从而使我们从自身陷入的困境中解脱出来，就像一个善于引导人的教师，恰到好处地对我们起到启迪（教

---

① 恩里科·贝林格（Enrico Berlinguer），意大利共产党领导人之一。

育）的作用。

但帕索里尼不仅仅是一个"教育家"。[1]他博览群书、直觉敏锐。他也是个诗人、天才的艺术家、杰出的批评家、一个极具煽动性的演讲家，正因为此，事情变得复杂起来，他变得让人难以捉摸，甚至给人以自相对立的感觉。

帕索里尼的魅力也正在于此，直至今天，他的这种影响力还存在，他被人视为（尽管这不是他的本意）一位让人感到头疼的大师。

2. 平民诗人帕索里尼

对帕索里尼做出最恰当的描绘的是阿尔贝托·莫拉维亚[①]。他也许，不，应该肯定地说，他是帕索里尼最好的朋友。莫拉维亚于1980年在耶鲁大学举行的以"纪念帕索里尼逝世五周年"为主题的研讨会期间，做过一次精彩的报告。他评论道，帕索里尼谈锋犀利，但内涵又是那么的深邃，好像他天生就是一个演讲天才。这篇论文至今在意大利尚未发表过。为了写本书的序言，我特意重读了这篇文章。该文发表在美国罗格斯大学的美国意大利学研究会主办的一份杂志上。[2]

我喜欢读莫拉维亚的这篇文章，不只是读，我还要在我的这篇序言里不断地引用它。因为，我们可以从其中一些重要论述

---

① 阿尔贝托·莫拉维亚（Alberto Moravia），意大利当代著名作家，代表作有《冷漠的人》《内心生活》等。

中受到启发，对理解本书的一些关键性内容大有裨益。

莫拉维亚的报告的题目是"平民诗人帕索里尼"。莫拉维亚把帕索里尼视为"伟大的作家、伟大的诗人、伟大的散文家"，并且对于如何理解"平民"做了如下的阐述：

> 在意大利，可以这么说，我们把那种在历史、政治、社会领域进行诗歌创作的诗人称作平民诗人。但这里特别要指出的是，意大利是曾经两次在世界上称霸的国家，第一次是罗马帝国时期，第二次是文艺复兴运动时期。现在的意大利既不是罗马帝国时期的意大利，也不是文艺复兴运动时期的意大利，而是一个现代化的国家，一个有着许多问题的国家。但这并不意味着历史对我们没有影响了，相反，对罗马帝国和文艺复兴的眷恋，成了一个压在我们身上的沉重包袱。也许人们会说，世界上只有两个民族对自己的过去有怀旧感：意大利人和犹太人。为什么这么说呢？因为这两个国家的过去，可以说几乎有一种神圣的宗教意义。（……）意大利平民诗歌人性味十足，不管是彼特拉克还是福斯科洛，卡尔杜奇或者是邓南遮，其作品里都洋溢着浓郁的人文主义。现在，创作左派人道主义诗歌，如果不是说不可能的话，也至少是一件相当困难的事。因为，如果人文主义向右派转化的话，会导致纳粹主义、讲究修辞学、夸夸其谈等弊端。同莱奥帕尔迪的处境不相上下的帕索里尼，其作品的新意在于，他在着力于创作左派的平民诗歌时，摒弃了人文主义，而同欧洲的颓废派挂上了钩。[3]

莫拉维亚的这种观点，在本书里，同帕索里尼接受采访谈到自己的作品时所表达的观点完全相吻合。当然，帕索里尼的创作是有阶段性的。他有过最初的学院派——人文主义的学习经历（帕索里尼说："……我在七岁时就已经是个学院派诗人了！事实上，我非常喜欢彼特拉克的文学课，我把他的诗歌课作为创作风格的准则"），后来，他受到了法国象征派文学作品的影响，比如温加雷蒂[①]、阿波利奈尔。再后来，他又对法国颓废派诗人推崇备至，这其中尤以兰波对他的影响最深。对此，莫拉维亚称："帕索里尼非常喜爱兰波，以至于他写了一些兰波式的诗歌。其中有些诗的韵律，有些短诗以及五音节等诗句其实就是在模仿兰波的风格。"

所以说，帕索里尼以自己的具体行动，最终成了平民诗人。他一方面向人们挑战，另一方面又为自己祖国的种种问题而哀怨。但问题是，他本应该更好地学习意大利诗人，如奥拉齐奥等拉丁诗人，或后人文主义诗人，如福斯科洛、卡尔杜奇等，他却更多地从"法国诗人那里，也从非法国诗人比如马查多[②]那里汲取灵感。马查多是对帕索里尼有很大影响的诗人"。[4]

3. 第一次来纽约

1966 年 10 月初，帕索里尼来到美国大都会纽约。

　　帕索里尼那瘦小的身影，衬托着那脆弱的心灵，那是被渴

[①] 温加雷蒂（Giuseppe Ungaretti，1888—1970），意大利著名诗人，青年时期活跃于法国文坛，尤其是巴黎诗坛。

[②] 马查多（Antonio Machado，1875—1939），西班牙著名诗人，早期受颓废派影响。

望所刺痛的心灵，被绝望和痛楚所折磨的心灵。他的服装就像一个寄宿学校学生的服装。知道吗，是那种运动服装，简便的服装，孩子们穿着这种服装去玩垒球，在汽车里做爱。帕索里尼穿着浅褐色的毛衣，胸口上有一只口袋，下身是浅褐色的紧身灯芯绒裤，脚蹬一双橡胶底的麂皮鞋。他真不像一个已经44岁的人了。[5]

奥利娅娜·法拉奇在她刊登在1966年10月13日《欧洲》杂志上的一篇谈话录里生动地向我们这样描述了帕索里尼。奥利娅娜在该文里还提到，皮耶尔·保罗·帕索里尼到达纽约已经有10天了，由此我们可以推算出，他应该是10月2日到达美国大都会的。

帕索里尼在那10天里，深深地被这座城市的活力所吸引、感染。恩佐·西西里亚诺在他的著作《帕索里尼的生平》里这样写道：

皮耶尔·保罗的情感被这个国家的新奇触动了（……）。这座城市的魅力、那种异常的美丽……他陶醉在一种激情四射的欢乐里。打动他的新鲜事还有：美国人对道德伦理观所进行的热烈争论，美国人所推行的民主化的精神，因为这在意大利是不存在的。[6]

事实上，在这10天里，帕索里尼的生活异常充实和丰富多彩，他在仔细地观察一切，吸收一切。他后来对法拉奇说：

说真的，10天就要对一个国家做出判断，是一件很难的事情。但有一次，奥逊·威尔斯①对我说："要了解一个国家，要么需要 10 天要么需要 10 年——因为到了第 11 天，您就习惯了，您就什么也看不到了。"

令人感到惊奇的是，帕索里尼在纽约正好停留了 10 天，他恰巧是第 11 天动身回意大利的。他后来又一次天真地对法拉奇说：

> 我真想在那边，在纽约生活 15 年。那是一个美妙的城市、激动人心的城市、美丽无比的城市，是那种得到上天恩赐的幸运城市之一。她就像某些诗人一样，每当她写出一句诗，就能写出一首美好的诗篇。（……）纽约并不是人们的藏身之地，而是让人奋力作战的地方。她促使您去行动，去挑战，去改变——那些在您 20 岁时令您喜欢的事情，仍然让您为之怦然心动。[7]

总之，帕索里尼从纽约这个城市中看到了美国精神，自然这并不像他过去从自己看过的影片中得出的那种结论——一个"暴力和丑恶"的国家：

> 我的整个青年时代，都被美国电影所吸引，也就是说，被一个有暴力的国家、丑恶的国家所吸引。不，这并不是我原来心目中的美国：这是一个年轻的美国，是一个既令人绝望又充满了理想的国家。美国人其实实际得很，但又富于理想化。他们永远也不像我们那样愤世嫉俗、那样对一切心有疑虑。他们永远也不

---

① 奥逊·威尔斯（Orson Welles, 1915—1985），美国著名导演，代表作有《公民凯恩》《审判》。

会对事情抱着无所谓的态度，他们现实得很：生活在梦幻里，并且把每件事情理想化。[8]

帕索里尼以这种兴奋的心情甚至宣称，在美国，可以重新找回某些东西："今天，在美国，一个马克思主义者可以在这里发现左派最美好的一面。"帕索里尼的热情是真挚的，虽然他是经过深思熟虑和认真分析以后讲这番话的，但它也有自相矛盾的一面。须知在像纽约这样一个城市里，也存在着贫困现象，而且，帕索里尼也认识到它的确是存在的：

> 贫困也是重要的一个方面……这种贫苦或者说贫穷落后的悲惨情景同样存在于新独立不久的原殖民地国家里，在加尔各答、孟买、卡萨布兰卡更比比皆是。纽约的贫困情景并不是经济上的，也不是饥饿的问题，而是心理问题。到处可见的那种肮脏，那种临时性的设施。柏油马路的沥青铺得不够好，因此一下雨马路上到处都是小水坑。还有那些临时仓促修建的并且随时准备拆除的墙，黑色的、褐色的墙。永远也找不到一个洁净明亮的、要永远保存下去的角落。自然，人们会说，纽约有林荫大道，有公园，有美妙无比的玻璃摩天大楼，但那些好像是金字塔，我们在这儿有在埃及的感觉，今天的纽约就好像当年的奴隶们修建的金字塔。[9]

在纽约，帕索里尼甚至认为，革命依然是一种能够实现的、活生生的理想。这种自信源自一种丰富的想象力和直觉，他把这种信仰寄托在 SNCC（非暴力学生协调委员会组织）的学生身上——"学生们到南方去，把黑人组织起来"。他把他们视为早期的基督教徒。这是一种扭曲的观点，类似方济各

派的观点,是一种早期基督教观点的反映。他这样评论这些学生:

> 他们态度坚决,就像基督对那个年轻富人讲话时那么坚决:"你们要跟我来,就必须放弃一切。"(……)他们不是共产党人,也不是反共产党人,是神秘民主派:他们的革命就是把民主推向极端化,达到一种疯狂的结果。[10]

另一方面,恰恰是在纽约居住的那段日子里,帕索里尼脑海里酝酿的一些想法成熟了,他决定以这座城市为背景来摄制他的以圣保罗的故事为题材的影片。他的想法是:保持原来的故事情节,但把它"放在现代的环境里来拍摄"。

帕索里尼关于他在美国逗留的日子以及对这个国家的总体印象,在他从美国回来的一个月后,在《晚邮报》上发表的为了答复某读者(一个叫塞尔焦·卢斯基的读者)而作的一篇长文[11]里有所论述。该读者不满意帕索里尼的这个观点——"今天,在美国,一个马克思主义者可以发现左派最美好的一面"。帕索里尼在答复的文章里,表现出了一个真正的评论散文大家的风范,文章结构极为严谨,是一篇杰出的范文。让我们抽出其中的一段来赏析,在这里,帕索里尼表明了自己的立场以及他对美国的态度,同时也从社会—心理的角度对这个国家同欧洲历史进行了比较。

> 在美国,虽然我在那里待的时间并不长,但我还是常常能体验到欧洲在 1944 年和 1945 年曾经经历过的那种地下秘密斗争的革命紧张的氛围。这一切在欧洲都已经成为过去,但在美国给

人的感觉是，好像一切才刚刚开始。我这样说的意思是，并不是说在美国发生了内战，可能连类似的情况都没有，我也并不是要去预言它。但是，那里的生活，那里的气氛让人感到，好像是在一场伟大革命发生的前夜。那些属于新左派（实际上并不存在一个左派组织，只是在思想上、理想上的一致）的人们，第一眼就能互相识别出来，而且他们之间立刻就建立了一种亲密的情感，就像游击队员之间的那种情感。（……）没有见过在纽约举行的那种非暴力的和平示威游行的人，就体会不到那种人性的伟大。这种感受，我重复一遍，就是20世纪40年代那些激动人心的日子里，心里充满着对未来的憧憬的那种感受。

在有关内战的描述里，帕索里尼就像在脑海里放映电影一样，闪回他在纽约所经历的最有意义的片段，比如，那些不眠之夜，他在哈莱姆区同一群黑人青年度过的令人激动的夜晚，他称之为"这是一个极端的运动，他们在准备一次真正的武装斗争"；在一个村里度过的下午——这里从符号学意义上讲，也是自相矛盾的，因为那里既有一些支持越南战争的新纳粹分子，另一方面又有两个男人和一个女孩在那里"弹着吉他，唱着新左派的和平主义颂歌"；某天，他与为争取黑人就业而斗争的工会头目相见；有一天，他参加一个在资产阶级公寓里举行的晚会，在那里聆听一个同黑人结婚的神志迷乱的白种女人歇斯底里的笑声，而那个黑人"既反对美国共产党人也不支持'反对毒品的左派'"。[12]

总之，这部"电影"既有鼓舞人心的一面，但同时也是混乱的：有令人喜悦的内容，也有令人愤怒的东西。影片内容丰富且富有感染力，并且突然间，会出现那么一些令人感到亲切和浪漫的镜头段落。在这些段落里，他同某些人就文学作品进行"兄弟般的交谈"，比如，他在纽约认识的艾伦·金斯伯格。帕索里尼同他认识后，思想上一拍即合，大有相见恨晚的感觉。

尽管这一切描绘充满激情，尽管这种情感发自肺腑，但帕索里尼仍然掩饰不住自己的批评意识。他对这座城市里存在的问题进行了审慎的批判和真实的记录：那里的激烈冲突、那种毫无节制的消费主义以及某些虚假的价值观和人们的精神空虚。对此，他做了如下的评论：

> 总之，这种空虚在美国人的心中和美国社会整体文化中打开了一个无底的深洞，换句话说，那里缺乏马克思主义的文化。这种精神的空虚，就像每一种空虚一样，都被强烈的渴望所填满。于是，这种空虚被我前面所讲的那种思想所填充，这种思想原先是激进的民主革命思想，现在则演化为一种新的社会意识。这种社会意识还没有明确地认同马克思主义，其行为完全是无政府主义的、绝望的。正是由此，而不是别的，诞生了另一个美国。[13]

尽管面对这一切，面对美国社会上明显存在着的问题，但帕索里尼仍然被那里的活力所吸引，被那里固有的公平思想所吸引，就是那种对待弱者、对待那种明显的不公正的行为、对待生活在边缘社会的人们、对待受苦难的黑人所持有的那种公平意识。

尽管帕索里尼"坦诚"地表达了自己的意见，显示了他对美国民主的判断能力和理解能力，但在这里面，他还是投入了个人的意愿，这种意愿也是作为自身的直接投射。他鼓动无政府主义的行为；他欣赏他在村子里看到的那些青年反叛者，因为从他们身上看到了一种积极的精神和躯体的活力。依据帕索里尼的看法，那些青年人可以创造出一个新美国来，不仅如此，甚至于可以打造出一个"美国第三大党"来。不幸的是，后来在美国发生的情况，无论是政治上还是社会上的，从尼克松到里根、到布什父子——卡特和克林顿的民主岛屿除外——都同帕索里尼的想法相去甚远。对此，西西里亚诺写下了相当深刻的评论：

> 帕索里尼把那些迷失方向的人，视为有创造性、有活力的人，再加上，他已陷入孤独，这一点就足够使他想入非非了。他有个坚定的信念：一个诗人、一个知识分子，应该远离资产阶级社会，摒弃他们的价值，而去赞扬那一切不受任何义务约束的似乎是自由的东西。他可能更喜欢陶醉在肉体的喜悦中，体验那种新奇的生机活力，一种无序的、放任自流的生活。纽约之旅让他有了这么一个机会，让他以青春永恒的名义去讲话，这是一次几乎没有预料到的内在因素的变化。[14]

4. 1966—1969 辉煌岁月

距第一次美国之行仅仅三年之后，帕索里尼于 1969 年又第二次去了美国。这次，帕索里尼接受了采访，即收录在本书里的谈话，这是迄今为止尚未发表过的。在美国，帕索里尼接受了当时担任意大利驻美国大使馆的文化参赞、现已逝世的朱塞佩·卡尔迪洛的采访。这份珍贵的遗物是被我偶然发现的。在听这份录音带的时候,仿佛亲身感受到了20世纪60年代末的那些不平凡的岁月。

那三年里,帕索里尼的工作异常紧张和繁忙,那时发生的许多事情在帕索里尼的心灵上留下了深深的烙印,这必然要影响到他那脆弱性格的稳定性,使他的心情产生变化。在那三年里,帕索里尼,这位《葛兰西的骨灰》的作者,经历了一个创作高峰期:他涉足各个领域——从评论到戏剧,从记者生涯到撰写抨击性的杂文,从诗歌写作到摄制电影,而且他自认为,这时期的作品都很重要,用他的话说,是"最后的作品,但并非是不重要的"。总之,他的创作活动从来也没有像那个时期那样地活跃过。为了摄制电影,他多次往返于摩洛哥、土耳其(为影片《美狄亚》在卡帕多西亚搭建古老的场景)、乌干达、坦桑尼亚、坦克尼克,以及非洲的其他地方。对此,经常陪同帕索里尼旅行的好友莫拉维亚这样写道:"他对非洲有一种亲切感,认为那里是一个富有诗意、魅力独特的地方,就像他当初对罗马郊区小镇市民和罗马游民无产阶级的感觉是一样的。"[15]

在那三年里,帕索里尼所摄制的诸多影片和纪录片——更不用说他那些后来被汇集在《异端的经验论》(*Empirismo eretico*)一书的各类文章——证明了,他那个时期的创作热情极其高涨,他以惊人、狂热的速度工作着。这时期的影片有:《俄狄浦斯王》、《从月亮所见到的地球》(同其合作的演员有西尔瓦娜·曼迦诺、托托、尼内托·达沃里,他们合作得非常愉快)、《云是什么?》,还有同其他导演合作的集锦片《爱情与愤怒》中的片段"纸花"（改编自新福音派的寓言《无辜的无花果》），特别值得指出的还有影片《定理》和《猪圈》。莫拉维亚认为，《猪圈》是帕索里尼继"《乞丐》和《软奶酪》之后最好的一部影片"。有关《定理》这部影片的争论已是众所周知的事了：从其最初作为小说参加1968年的史特雷加奖①到参加威尼斯电影节影展所引起的争议一时闹得沸沸扬扬。对于史特雷加小说奖的提名，作者后来撤回了自己的作品，以表示对"工业干预文化"的抗议。而在威尼斯电影节，电影《定理》是单独放映的，该片获得了国际天主教电影协会奖，这是帕索里尼在其电影生涯中第二次获得该奖项。《定理》在欧洲，特别是在法国获得了巨大的成功，引起了观众和电影评论家极大的热情和好评。电影导演如让·雷诺阿，以及马塞尔·儒昂多②、弗朗索瓦·莫里亚克等也都对影片推崇备至。

这里要提到的是，帕索里尼的创作激情也来自他的旅行，特别是在非洲、近东的频繁旅行，激发了他的灵感和创作热情。这正如尼科·达尔迪尼（参阅其发表在《蒙塔多里子午圈》里的《帕索里尼日志》一文）形象地回忆起帕索里尼在第三世界的情景：

> 帕索里尼寻找古老的面孔、原始的独特的自然景色、圣洁

---

① 史特雷加奖，为作家所颁发的意大利最重要的 Premio Strega 文学奖，由意大利酒商圭多·阿尔贝蒂提供奖金，史特雷加是该酒商所生产的葡萄酒品牌。

② 马塞尔·儒昂多（Marcel Jouhandeau，1888—1979），法国著名小说家、评论家。

的生灵、古老神圣情感的表达。当农民们孤独无助地在田野里，举起橄榄枝向上天祈祷，祈求苍天保佑果实不被暴风雨摧残时，那是人类生活真实情感的写照。那是一种文化习俗的反映，尽管它有着某种隐晦的、乡村的宗教色彩。[16]

这正是帕索里尼，这位"伤感的共产党人"（这个标签是莫拉维亚贴的）的真实写照，正如他后来在纽约向采访者所解释的那样。他向采访者回顾自己的生平并叙述他参加共产党的经历：他拥护共产党并不是因为先读了马克思主义的理论书籍，而完全是出于一种本能，那是在战争刚结束后，他自发地支持家乡弗留里的农民反对他们的农场主而进行的斗争：

> 我亲身感受和目睹了那种令人难忘的场景，一方是农民们举着红旗，脖子上围着红色的方巾，肩并肩，紧密地团结在一起；而另一方则是农场主们。所以说，我是在没有读任何马克思主义的作品之前，就自然而然地同弗留里的农民站在一起了。而正是从那时起，可以说，我的马克思主义的生涯真正地开始了，那是具体的、富有诗意的、身体力行的马克思主义。

5. 纽约，1969年

帕索里尼于1969年第二次来到曼哈顿时，感受就大不相同了。除了自身丰富的电影创作经历外，他在意大利又经历了一场大辩论，一场关于学生运动（"一次假革命"）的狂热的大争论。对学生们的行为，他的态度是众所周知的。他用语言鞭挞他们，表示了对他们的不信任："你们还是孩子啊，爸爸的宝贝儿。青出于蓝而胜于蓝。/（……）/你们，像一群小流氓，竟然用棒子殴打年轻的警察，他们可是属于另一个社会阶层啊，（……）是穷苦人的孩子。/他们来自郊区，或出身于农民家庭，或村镇居民。"然后，帕索里尼评论道："你们，资产阶级的年轻人，随波逐流的年轻人，你们充当了新资产阶级的工具，你们被利用了，你们是听人摆弄的卒子，破坏他们所厌恶的东西。"这些诗句出自他后来写的一篇著名的散文诗——《意大利共产党致青年人！》。该文是写给《新论点》杂志的，却以"突然袭击"和支离破碎的方式发表在《快报》上，从而引起了一场无休止的争论，这必然对帕索里尼起到了负面的影响。后来，这篇散文诗全文刊登在由他、卡洛奇和莫拉维亚共同主编的《新论点》[17]杂志上。正是在该杂志（主要刊登的是帕索里尼的随笔和理论文章）上，帕索里尼解释了这种精神危机和对青年人不信任的原因，并挑战性地提出了一种新理论，比如，用一种新的戏剧演出来代替目前的演出形式（关于这点，我在后面将进一步阐述）。

> 我没有交流对象了，我不知道该向谁敞开我的心扉了——帕索里尼这样写道。我原先关注的现实，我指的是，罗马郊区的游民无产阶级，正在迅速地变化着，我简直都认不出他们来了。意大利社会在调整，受房地产投机主义和消费主义的影响，无产阶级像神话般地在改变着，或者说正在消失。[18]

帕索里尼情感的失落，帕索里尼的悲观看法，都在其发表在《时代周刊》的一个名为"混乱"的专栏的文章里流露出来了。这个专栏是帕索里尼1968年8月开辟的，一直延续到1970年1

月。帕索里尼不仅心情郁闷，也为政治问题感到头痛，也就是说，他对各种事情都很悲观失望，这反映在他不同类型的跨学科的散文里（文学、语言学、符号学、电影学等）。这些文章后来被汇集在《异端的经验论》这部论文集里。谈话的第一部分恰恰涉及该论文集的一部分内容（"关于段落镜头"）。该论文集于1972年出版，但其中的文章于1969年以前均在杂志上发表过了，而且是在《比较》和《新论点》杂志上发表的。早在1967年，帕索里尼就曾经想过出版一本书（献给他的侄女格拉齐耶拉·基亚罗西），书名为"工作坊"。

所以，在这次谈话里，读者再也见不到三年前的那个亲美的皮耶尔·保罗·帕索里尼表现出的对美国的那种热情了。唯一谈论美国社会的那次，是批评美国的消费主义。跟法拉奇第一次采访他时他所表现的那种热情的格调相比，有天壤之别！《定理》的作者完全封闭在自己的世界里，对此，他对采访者做了一定的说明，解释了自己在意大利文学圈子里不与人来往的原因。赋予他初期创造小说（《孩子们的生活》《暴力人生》）和优秀影片（显然，这里我指的是从小说构思而来的影片《乞丐》《软奶酪》和《罗马妈妈》）的动力源泉的罗马郊区的无产阶级不存在了，或者说，正在迅速消失。而那些人的语言已经固定在帕索里尼的心中，形成了一种独特的梦幻般的风格："那种语言的神圣性——帕索里尼在谈话里这样说道——就存在于这种风格里。"

因此，帕索里尼对第三世界有一种发自内心的、本能的好感，原因也正在于此。他所见到的第三世界的那种神圣的纯洁性，以某种方式代替了那种富有人情味的农民，代替了那个正在消失的郊区小镇的微型世界。帕索里尼意识到，当葛兰西讲道"反映民族—人民作品的时候"，那个由葛兰西所提出和分析的工人阶级正在消失。这种意识——实际上已经成为广泛的共识——从20世纪60年代末以后就对帕索里尼产生了影响，促使他去创作一些更倾向于反映与贵族氛围相关的内容。他在作品里明显地表现出人物的自我矛盾性、复杂性的情调，其意图恰恰是为了使作品摆脱那种轻率的娱乐心理。对于帕索里尼的这种转变，阿尔贝托·莫拉维亚做过明确的阐述。下面我从莫拉维亚在耶鲁大学的报告——这就是我在一开始提到的——中抽出一页来，我觉得它能更好地说明这点，并且十分清晰地阐明了帕索里尼于20世纪60年代末，面对社会问题时，他心灵上所遭受的痛苦。

帕索里尼走进第三世界，走进过去的文明，走近远古的戏剧。我曾同帕索里尼一起在摩洛哥旅行过，事实上，他常说，要从穷苦人身上找到那种原始的意义，就如同他当年在游民无产阶级身上发现了基督教的原型一样。他喜欢穿梭于现在和过去，那种远古的意义他能够在穷乡僻壤的贫苦人身上找到，在第三世界的国家里找到，正是这点引起了他对第三世界人民的关注。正当帕索里尼处于这种思想状况时，一件令所有人震惊的事发生了：那就是经济奇迹的出现，在这一突然出现的事件打击下，几乎所有的人都失业了。

（……）我们经历过工业革命，经历过消费革命，但这两次革命,在欧洲来说,都是孤立的现象。这种现象无疑在很大程度上打乱了意大利的格局,对意大利社会产生了巨大的影响,特别是大批农民向城市的迁移。这对帕索里尼来说,是个致命的打击,引起了他思想上的极大困惑。因为在他看来,他所钟情的那些小城镇的无产阶级的行为不再像基督徒那样了,他们接受了经济奇迹,连他们也接受了经济奇迹。就是说,他们在具有消费能力之前,就接受了那种建立在不同等级基础上的消费价值观。所以说,帕索里尼面对的是一种他未曾预料到的局面。也就是说,这种局面是遭受他的质疑的,我们亦可以说,他的理想就是由游民无产阶级来拯救世界的乌托邦。于是,他怀疑一切,怀疑俄罗斯的革命,因为它已经资产阶级化了。而帕索里尼要的是理想的、纯洁的国家,要的是乌托邦。[19]

6.《新戏剧宣言》：思想舞台演出的真正的主人公

在采访的最后一部分,帕索里尼谈到了戏剧和诗歌。他认为这两种方式是艺术创作中具有永恒意义和最不易被消耗的表达方式。

关于帕索里尼的戏剧理论,也许有必要来分析一下帕索里尼戏剧理论改革的动因及其理论基础。这样,读者就能更为详实地了解帕索里尼对采访者所叙述的内容了。那么让我们来重温一下帕索里尼的那篇《新戏剧宣言》(*Manifesto per un nuovo teatro*)吧,该文最早发表在《新论点》上(1968年1—3月,第9期)。通过对本文的回顾,有利于我们理解他的观点产生的原因。[20] "话语戏剧"（teatro di parola）即文论中所提出的戏剧理论和演出实践，作为一种"文化仪式"（rito culturale），是反对艺术商业化的最后一个招儿。帕索里尼对此做了有益的理论阐释和实践。

那是1968年学生运动的前夕：这篇抨击性的文章似乎是直接地、典型地反映了帕索里尼那个时期的情绪，反映了他所撰写的各种嘲讽文章的风格。其中一篇最为"声名狼藉"的，读者反应对他产生致命打击的，就是前面我已经提到的那篇散文诗《意大利共产党致青年人！》，它就发表在刊登有《宣言》的那期之后的一期上。

帕索里尼认为，时下存在两种戏剧理论：一种是资产阶级的闲聊戏剧（该命名出自莫拉维亚），另一种是由形体和喊叫构成的底层戏剧，在这种戏剧里，语言变得极为通俗化了。帕索里尼坚决反对以上两种形式，于是他提出了自己的话语戏剧：这种戏剧毫不掩饰其模仿雅典民主戏剧的意图。

这种戏剧改革观导致了以下的结果，首先是，思想变成了舞台演出的真正的主人公；其次是，戏剧剧情几乎消失了，这使戏剧完全成为一种仪式化了的演出。这种新戏剧的对象是谁呢？对象就是出品这种戏剧的文化群体。这是一批孤立的文化人，他们信仰马克思主义思想并且同工人阶级有着直接的联系。这种工运中心主义的行动，据帕索里尼的说法——且有自相矛盾的地方——既不是教条主义的，也不是斯大林主义的，也不是陶里亚蒂思想体系的:"而是出于对马雅科夫斯基、叶塞宁①,以及其他同代的伟大青年人的怀念,他们在当时的所作所为感动了一代人。"[21]

这种新戏剧的主要目的是什么呢,主要的目的是成为一种"没有固定准则的戏剧",或者说,一种问题戏剧。在这种戏剧演出中,资产阶级既不能从中看到自己的影子,也不能对其人物认同(犹如在闲聊戏剧中那样);而另一种人也不能释放自己的罪恶感,或在演出中(犹如底层戏剧那样)肆无忌惮、尽情发泄。

经帕索里尼确认,在话语戏剧中,那种传统的、"作为官方法令指定的"意大利口语实际上不存在了(在采访中,帕索里尼正是在这点上坚持自己的观点),它的语言纯洁性降低到了"零度":即避免纯正的发音。总之,那种戏剧语言是一种"被认可的、其发音几乎介于方言和接近佛罗伦萨发音标准的意大利语"。在这种理论指导下,话语戏剧是一种特别注重内涵(话语的)和意义(作品的)的戏剧。因此这种戏剧排斥一切形式主义,或者说,不讲究那种悦耳优美的语音。在帕索里尼的这种新形式的戏剧里,对演员的要求也是不同的。演员应该是有文化水平的人,他首先要关注的是剧本的语义价值,演员不要自负地认为自己是个使者,在传达一种超越文本含义的使命,

---

① 叶塞宁(Esenin,1895—1925),俄罗斯抒情诗人。因其创作思想同当时社会需要产生矛盾,导致心情抑郁而在列宁格勒自杀身亡。主要作品有《变形记》《一个暴徒的忏悔》。

他应该"把剧作的思想透明地表达出来"。这种理论，帕索里尼把它运用到了《美狄亚》和《十日谈》中。这是两部"戏剧化"的影片，其中，演员好像是直接面对观众以中性的方式在表演。根据帕索里尼的理论——演员们能够成功地成为剧本自身的载体。[22]

话语戏剧，有别于政治仪式（这可以从雅典民主戏剧中找到证明）的演出，也不同于一种社会仪式（内容同资产阶级相关）的演出，也不同于戏剧仪式（底层戏剧）的演出。总之，它更像是一种文化仪式：一种开放的戏剧、问题戏剧、没有固定准则的戏剧，这种戏剧"通过建立在话语（也许是诗一样的话语）基础上的剧本，通过建立在一些典型的报告会、理想演讲集会或者科学讨论会之类的主题的基础上的剧本"，[23] 促使人们交流，特别是资产阶级先进的文化群体之间进行思想交流，从而建立一种相互批评的关系。

这种类型的戏剧，帕索里尼本人就提供了六个范本：《卡尔德隆》(*Calderón*)、《寓言故事》(*Affabulazione*)、《彼拉德》(*Pilade*)、《猪圈》(*Porcile*)、《狂欢》(*Orgia*)、《畜生的风格》(*Bestia da stile*)。这六个悲剧剧本最初是帕索里尼于1966年3月，因胃穿孔而躺在病榻上时手写的草稿本。在这六个诗体剧本中，唯一由他亲自完成和定稿的，仅仅是《卡尔德隆》。[24] 事实上，后者是唯一获得作者授权付印的一部剧本。其他几个都是在作者逝世后发表的，原因是帕索里尼一直闷闷不乐，因为他对这种戏剧的风格和内容始终心存疑虑。[25]

尽管帕索里尼原来的意图是要用自己在《宣言》里的那套理

论主张来指导自己的作品《卡尔德隆》，但实际上这部剧作并没有遵循那种理论，相反，它是帕索里尼最富有诗意的作品之一。让我感到惊讶的是，迄今为止，只有少数批评家（其中包括贝尔托鲁奇、费雷蒂 [Ferretti]）认识到，这部作品的精髓是整个帕索里尼戏剧基本精神的体现，帕索里尼戏剧的精髓正在于那种富有诗意的动听的话语，那种丰富多彩的语言层次感。比如说，费雷蒂在谈到《卡尔德隆》时，就指出，它是继"玫瑰式的诗歌"之后达到诗意境界的最优秀的作品。[26]

7. 诗歌：超越时间、空间和任何形式的消费主义

不管怎么说，诗歌是（高于一切的）超越时间和空间的，它超越任何形式的消费主义。

帕索里尼访谈录，成为帕索里尼传记文献的一部分，它真实、富于激情又有高度概括性。访谈录以一种"号召"式的同时又是对未来的指示性话语作为结束语。帕索里尼发出呼吁：诗歌是最后一个避风港；诗歌永葆美妙的青春，诗歌让人受益匪浅；诗歌在传达那种远古美惠①的韵味，诗歌反对日益强大的社会；诗歌反对那些体制，因为那些体制要将诗歌屈服于自己的法则之下。

正是这些年，结束了他的十年岁月，那是"令人不可思议"

---

① 美惠，象征美德与文雅的女神。比如，希腊神话中象征美德与文雅的"美惠三女神"（Graces of Charity）引申出"惠爱"（charity）；掌管"爱欲"的"厄洛斯"（Eros）引申出"爱欲"（eros）；信使赫耳墨斯（Hermes）则被认为与"诠释学"（Hermeneutics）相关。

的十年岁月，其间，帕索里尼创作了令人头痛的诗、挑衅的诗、驳斥性的诗。在这些诗篇里，他想传达给人们的是"我在生存中所感受到的快乐"，仅此而已。这些诗篇不久就汇编在《超然和组织》（*Trasumanar e organizzar*）里，这是在他生前（1971年）由 Garzanti 出版社出版的最后一部诗集。如果说，一方面我们看到，关于话语的论述，帕索里尼无情地记录了他的受挫情况，因为他曾说过，话语是不可或缺的，而现在他则认为，话语是无足轻重的，甚至被称之为"业余爱好"；另一方面，他又突然发现了，话语的那种不可抗拒的美丽，话语里仍然隐约地显现出的那种恩惠，这使他有一种感觉，即话语是模棱两可的，它有一种草率性、轻浮性。帕索里尼把这种草率称之为"假嗓子"。它既是神秘化的同义词，也是青春的同义词："青春是神秘事物的创造者／优美和傲慢的盗窃者／而且是有耐心的盗窃者／因为年轻而有耐心／不是因为年老而有耐心。"从这里可以看出帕索里尼式的酸楚和快乐。他认为自己是一个简朴的人，向人传达的也仅仅是自身的状况而已。所以，诗人所祈求的那种"假嗓子"，似乎是值得赞赏的，因为它本身就携带人类历史原始的恩惠，并且同莱奥帕尔迪歌颂的"青春"[①]相吻合——这里我们不经意间发现（但丝毫没有牵强附会的意思），帕索里尼的情形，至少在这点上，同莱奥帕尔迪是多么的相像。

如果说，这就是帕索里尼的心理倾向，而且他自己也有清醒

[①] 莱奥帕尔迪（Giacomo Leopardi，1798—1837）的一篇诗作。莱奥帕尔迪是意大利最伟大的诗人之一。其作品抒情浪漫，尤其以咏叹痛苦而著称。

的意识，那么他在表达他重新找回的那种"轻浮性"时，他所使用的语言则是退化的语言，只是琐碎性的叙述了，或者说是幼稚性的模仿，一种无意义的语言的重复。这种几乎是毫无表达力的语言，从相反的意义上讲，可以同各种各样的自由的意思和含义相吻合。这是一种趋向于开放性的语言，它没有固定的导向，其结果是：一方面，作者享有永久性地使用"我"的自由（这里是指置身于反对一切制度的离心力立场上的"我"）；另一方面，导致一种令人痛心的情景，那就是给人一种同历史脱节、同历史远离的意义。

帕索里尼的这种忧虑和彷徨、失望和悲切在本访谈录里都得以反映，最有力的例证就是那本题名为《超然和组织》的小诗集，该诗集正是他第二次旅美时在纽约写成的，也就是他接受采访的时候，那时连他自己都惊诧地感觉到，自己不再有明确的蓝图了。

谈话录里，他流露出对青年一代和制度的根本不信任，同样，被他称之为"左派复兴"的时代——介于20世纪60年代末和70年代初——也令他感到失望。我们亦可以说，与之相吻合的是他那令人感到失望的诗歌表达能力，他最后的一些诗作就是有力的证明。帕索里尼漫不经心地向人展示他的"生活细节"的小诗，然后他会去重写这些小诗。这些小诗的特征仍然是在表达作者的那种瞬间的、即兴的感受。由此，他的诗歌变成分裂的形态，有些地方给人以幻景的感觉。这一特征出现在帕索里尼后期的创作里，在那些作品里，高昂的激情和突然的消沉经常交替出现，特别是在作者迫不及待地想表达和揭露的时候，既不讲究修辞，也顾不上斟酌推敲。那种一目了然、赤裸裸的但也是晦涩的和令人费解的、傲慢的诗句，是帕索里尼构造的一道屏障，用它来抵制制度和虚无的价值观。诚然，帕索里尼清醒地意识到了这点，他因此遭到了报应，但他是在以维护一种"利益"的名义下而遭到报应的。他为这种利益发狂地工作：时而作为其痛心的证人，时而又作为其孜孜不倦的控告者兼被告。总之，面对这个"五花八门"的西方世界——他也生活在其中——所发生的各种社会和政治事件，他的心情极不平静，他不断地进行自我剖析（这里，本访谈录无情地证明了这一点）。

帕索里尼是这个坚如磐石的社会中的积极活跃的主人公，而非消极的记录者。所以说，帕索里尼最后几年的诗作并不是"反映失败的忧郁诗篇"或者是"早衰"的象征（费雷蒂）。事实上，他的作品中，一方面反映了他顽强的生存意志力（……现在，理想破灭了／——但绝不是生活，不是生活——）；另一方面，也反映了他的那种对生活进行永无止境探索的渴求——用诗歌，而且主要是用诗歌来表达这种渴求。

因为，帕索里尼毕竟曾经是而且主要是诗人。他甚至一度认为，他的诗歌，那具有永恒精神的诗歌是他的艺术作品具有鲜明的独特性的见证。在采访结束的时候，他以天真和坚决的态度重申了这种观点：

> 诗歌的精神是永不磨灭的（……）。一个人可以上千次地阅读一本诗集，但不会毁掉它。受到损耗的是书，是出版物，但

不是诗歌（……）。诗的深刻含义具有永久的生命力，但我的愿望是，即使书的外部也尽可能少地遭受磨损。

关于这点，赞佐托在帕索里尼悲惨地去世几年后出版的一本书里尖锐地指了出来：

> 对于帕索里尼来说，他更希望看到，这种愿望也"应该"成为一种法规被确定下来（它应该深入社会制度里，甚至是深入人的灵魂，以至于人不要做任何自我反思就能自觉地遵循），应该制度化（不仅仅是起理论指导的作用），尽管对于制度人们总是要保持一种"进攻"的状态。帕索里尼的远离社会，就是在显示，在那迅猛涌起的巨大洪流面前，他自己是最后的战斗堡垒。[27]

也正是由此，帕索里尼最终痛苦地意识到，自己脱离了历史。尽管他竭尽全力要弄明白和分析历史，但他始终感到自己是孤立的，这种孤独既有主观的原因，也有客观的原因。从这种意义上讲，帕索里尼为《时代周刊》开辟的"混乱"专栏所写的贺词，是含义深刻和令人难以忘怀的，那些话很接近在本访谈录里的话：

> 我不是一个对政治漠不关心的人，我也不喜欢那种所谓的无党派人士（虚伪地）的说法。如果说我是无党派人士，那我也是带着愤怒、痛楚和羞辱的情感的。我的情况是既不是对政治漠不关心，也不是搞独立，而是孤独。

朱塞佩·卡尔迪洛①对帕索里尼的访谈

[朱：朱塞佩·卡尔迪洛；帕：帕索里尼]

朱 ——— 我由衷地感谢您，热情地接受了这次录音采访。我们录音主要是为了美国大学那些学习意大利语的学生和意大利文学教授们。在采访的过程中，我们竭力要达到一个目的，要对您从事的文艺事业，从涉足文坛到现在，有个总的印象。我的问题也可能是挑衅性的，为的是激活您的回忆，记起那些迄今为止对您的个性的形成，对您的为人有所影响的一些事情。回顾往事，您可以重新梳理您最初的情感，那些您为之乐此不疲的事情的动机：从诗歌到电影、政治。还有家庭对您的影响，您的故里对您的影响。总之，您能够向我们描绘您的那个世界吗？

帕 ——— 我也有言在先。最近，我撰写了一些有关语言学和电

---

① 朱塞佩·卡尔迪洛（Giuseppe Cardillo），时任意大利驻美国文化专员。

影符号学的论文。其中一篇是《关于段落镜头》(*Osservazioni sul piano-sequenza*)。该论文主要阐述的是：电影符号学应该与现实符号学相吻合，因为呈现在我们眼前的并不是我们的生活现实。事实上，这种现实是一个无止境的段落镜头。从我们出生到我们死亡为止，这个无止境的段落镜头总是显现在我们的眼前。现在，电影只不过是一个理想的摄影机而已，它置放在这个段落镜头的面前，也就是置放在我们眼前的一些连续不断的事件面前，我们从出生到死亡所发生的事件。因此，电影事实上是一个假设的、不可能实现的无穷尽的段落镜头，就像从我们眼前经过的现实无穷尽一样。

由此，产生了剪辑的重要性。但这里有个跳跃的问题。我的意思是，理论上的电影（一个无止境的段落镜头）和具体的电影（完成的影片）之间有种跳跃性，存在着质的甚至是意义的跳跃。一部影片中最重要的是剪辑。剪辑只不过是将这条无限长的线（我前面所称的段落镜头）缩减成一节线而已。在这一段线的末尾，就写着"剧终"两个字。

因此，我产生了一个联想，想进行一种比较，这纯粹是因为好玩。那就是，我认为，将剪辑和死亡进行比较是一件相当有意义的事情。就是说，我们，只有在我们死亡时才会知道我们的生活是怎么样的。如果我们是神圣不朽的，那么我们就不会去展现自身。这如同现实在其结束后就不能表达了一样。它只有在即将结束时才去表达，即通过剪辑，犹如一部影片中的剪辑。我们以曼弗雷蒂①为例，他"在贝尼凡托附近的桥上流下了眼泪"，即但丁所描绘的"那伤心的泪"。曼弗雷蒂的一生，如果他不是在最后，恰恰是最后一分钟，在"在贝尼凡托附近的桥边"流出了那滴伤心的泪，那么他的生活将完全是另一种样子，这一滴泪彻底改变了他的生活前景。他向自己的过去投递了一道审视的目光，他以另外一种目光来看待过去，他要改变过去，过属于他自己的生活。

我在文章里写道：要么是神仙不表达自己，要么是凡人表现自己。因此，您要我对某种实际上尚未结束的现实进行诠释，但这种现实依然是开放性的、千变万化的，有各种可能性的发展。就是说，您要我谈论的，实际上并不是一种形态，而是一种混合体的岩浆。就是说，我应该把我的生活视为一种岩浆，我几乎是偶然性地将我的双手伸进这种岩浆内，亦可以说，完全带有任意性。所以对您的提问，我会以一种习惯性的方式来回答，因此，有些可能不是真心话，因为我已经很习惯以那种方式来看待我的生活了。再说了，我的回答也不能做到准确，因为我是在七岁或七岁半开始写诗的。所以说，您要我

---

① 曼弗雷蒂（Manfredi，旧译作曼夫烈德），西西里王和神圣罗马皇帝腓特烈二世的私生子。1232年生于西西里。1250年，以摄政身份统治意大利半岛和西西里，直到其异母兄弟康拉德四世即王位为止。1254年，康拉德去世，王位的合法继承人是其3岁的儿子康拉丁，但曼弗雷蒂受西西里贵族们拥戴，重新摄政。1862年，曼弗雷蒂同入侵的法国查理一世在通往西西里的交通孔道——贝尼凡托桥交战，在决战中身亡。但丁虽然称赞他是一位值得尊敬的君主，但因为他信奉伊壁鸠鲁派异端，所以仍然把他的灵魂放在了地狱里。为此，他要从地狱通过炼狱而过渡到天堂，必须经过一系列的磨炼。

怎么说呢，那时我身边的世界也没有一种确切的相关的文化氛围。如果说逸事也可信的话，我的情况大致是这样的。我记得很清楚。我家住在萨奇莱，那是我上小学二年级的时候。我妈妈，不知道为什么，她心血来潮，为我写了一首十四行诗。我想，可能是为了纪念什么……通过母亲写给我的这首小诗，我第一次感到，诗歌是某种可以交流日常情景的手工艺品。自然，我自小就在学校里学习诗歌，但我觉得，那些诗歌似乎是一些本体产品，像天上闪烁的星星，天生地完美。然而，通过母亲的诗，我看到诗歌产生于一种生存现象，它是具体的，内容和技巧都与生存息息相关。由此，我也萌动了写诗的想法。于是我就写作了。自然，我的那些诗作是按传统的准则写作的。七岁时，我成了个"经院派"诗人！事实上也是如此，我崇敬彼特拉克①，听讲解他的诗歌课特别的专注，并将其诗作的风格视为写作标准。比如，我不说"夜莺"（rosignuolo），而是像古文说"歌鸲"（usignuolo）；我不说"蔬菜"（verzura）而是说"青绿"（verdura）。七岁时，人文主义的传统就开始在我的心灵深处，在我的潜意识里扎下了根……

朱 ——— 小学和中学对您有影响吗？那段岁月给您留下了什么印象，是美好的还是不好的？

---

① 彼特拉克（Francesco Petrarca，1304—1374），意大利才华横溢、成就卓著的伟大抒情诗人，尤其以讴歌爱情的诗篇而著称。他同但丁、薄伽丘齐名，被誉为文艺复兴时期的三位最杰出的人文主义作家。

帕 ——— 小学的时光给我留下了无比美好的记忆。我记得最深的是那飘逸在空中的报春花、紫罗兰的阵阵清香，那清香，至今记忆犹新。现在，当您提到小学的时候，我心中不禁涌出一种隐痛，您瞧，我的一些记忆，犹如普鲁斯特的小说中所描绘的某些情景，我又闻到了那令人为之心醉的报春花的香味……还有春天来临时的情景，那时依然寒冷，但太阳已经是暖洋洋的了，河岸和田边已经被阳光照得暖意融融，那是报春花乍开的时候，还有我母亲的皮大衣的味道，那可怜的皮大衣，因为我们是小资产阶级家庭。

所以说，小学的那段岁月，学生的生活总是令人怀念不已。而这种校园生活的回忆，正如所有的人都经历过的一样，都大同小异。但重要的是，这种经历的同时所发生的其他事情。学校是一条特殊的线，它把一系列的重要日子、季节串联在一起。在那些日子里，在那些季节里，特别值得指出的是我同母亲的关系、我同乡村的关系：我同母亲和乡村，有一种特殊的认同关系，那是极富有诗意的。

朱 ——— 您的生活和艺术最有意义的因素之一就是您对小人物的这种怜悯和同情，是您注意到了穷人、被遗弃者、生活在社会边缘的人的生存状况。您的大部分作品可以被视为为捍卫这个群体而投射出去的长矛。我也注意到了，在您最初的诗篇里，您使用方言写作，然后，在您最初的小说和影片里，您使用了罗马方言……

帕 ——— 几年前，由于一次事故，我的驾驶执照被吊销了。在意大利，为了重新获得执照，需要相当复杂的手续。其中的一道手续，就是从一系列的测试中，看一个人是否有文明意识。那个为我做测试的医生对我说："是的，您有很强烈的文明意识。"然后，他几乎是微笑着，多少带有一点讥讽的口吻对我说："文明意识过了头。"显然，正如您所说，这种文明意识促使我关注贫民大众。它已经深入到我的灵魂之中……使我卷入许多情景中，构成我的道德品质和我的人格的重要因素。所以，我也不知道这种文明意识是通过哪些自相矛盾的过程产生的……

朱 ——— 您可以重新审视和挖掘这种根源吗？在您的生活中，有没有那么一个对您的生活起着至关重要的影响的因素？

帕 ——— 我可以谈谈这一切的外部情况。自然，内心世界也有自己的变化过程，但这种过程是那么的复杂，我不能即兴发挥。我可以说的是，我的心理世界，我们暂且不分析它在临床上和客观上是否有意义，可以说，我的心理主要特征是自我陶醉，就是对自己的钟爱，然后这种爱又陷入那种常见的自卑情结、罪恶感，等等。所以，我前面讲到的那种自相矛盾可能就来源于此，也就是说，我将自己的这种自恋情结投射出来，升华成对他人的爱。我认为，从非专业的心理学知识的角度讲，可以这么解释。但实际上，在我上小学的时候，我对穷人以及与我同龄的贫穷儿童，像对其他孩子一样，他们都是我的朋友。在一个孩子的头脑里是没有阶级概念的，因为在孩子的眼里，世界是唯一的一个实体。因为在孩子的眼里，他们身边的人们都是神奇现象，甚至可以说是神圣的。因此，居住在萨奇莱小镇的那个可怜小孩是"神圣的"，同样"神圣"的是那个居住在卡萨尔萨的可怜的农民的儿子，还有作为神奇现象之一的是法塔蒂上尉的儿子，上尉是我父亲的同事。所以说，在同一水平线上有那么多的神奇现象出现。但有一点是我那时没有意识到的——这也算是一个本体因素，一个我生活于其中的社会让我看到的一个因素——那就是，有些人贫穷，有些人富裕。这种因素对我来说并不重要，但这是我知道的事情之一，它是构成这个世界实体的因素之一。而在别人的思想里，贫穷有种族主义的内涵。应该说，我是爱那些穷苦的孩子们的，我不仅爱身边的那些贫苦的孩子们，也尊重他们——因为他们就像我生活在贫穷乡村里的同学一样——而且我对他们的爱是发自肺腑的，这种爱至今依然是鲜活的（我还记得我的那些同学们……比如说，那个名叫皮内塔的小女孩，好像就在眼前）。尽管我爱他们，但我生活于其中的社会却灌输给我这么一种思想：贫苦的概念里包含着种族主义的残渣余孽。这使我明白了，每种形式的种族主义，如果它不涉及阶级仇恨，不涉及阶级情感的差异的话，那么它实质上只是一种形态而已。

朱 ——— 现在我们换一个话题，在您年轻时期，哪些文学作品以及哪些作家对您的影响最深，您今天仍然把他们视为杰出的大师？

帕 ——— 先前您提到一些对我有影响的文学读物，它们促使我关注穷人的命运，而我也喜欢"穷人"这个词，因为，很长一段时间以来——差不多有 20 年了，从战后直到几年前——人们用华丽辞藻对工人阶级进行长篇大论的评述，并且做了如下的区分：评论工人阶级就是正统的共产党，就是所谓"完美的"；谈论穷人就是民粹派。现在的问题是，我一直在谈论穷人，而我也因此一直被左派指责为民粹派、人道主义者。所以，现在，我也接受了这种说法。而事实上也是如此，历史证明了我是对的，因为现在大家，包括共产党人，都在谈论穷人。前面，您在我对穷人的关注和对我可能有影响的诗歌作品之间做了某种联系，还有后来我使用的方言问题。现在，为了做到诚实，我要对此做一个更正。就是说，我在 18 岁左右开始使用方言写作，并没有任何现实意义。在我的作品里，并不因为人物使用了方言就表明，我表现的内容涉及穷人的生存环境，或者在表现另一个社会阶层。我使用弗留里的方言，那纯粹是为了美学的需要，这跟大家所说的大相径庭。显然，对您刚才提到的这个问题，我需要做一番解释。在我大约十六七岁的时候（正值法西斯猖獗之时），我就写作了。正如我前面对您所说，我的实际写作生涯始于 7 岁。然后我继续写作，显然是在我喜欢的这个层次上——彼特拉克式的、独白方式的。这种写作风格一直延续到十六七岁的时候。正是在这时，我开始阅读一些基本的文学作品，也就是在之前的早些时候吧，14 岁的样子，我阅读了陀思妥耶夫斯基、莎士比亚的作品。在 17 岁上文科高中时，我的阅读面就更为广泛了。我钟情于法国象征派作家兰波和温加雷蒂，比如，后者的《情感的时间》(*Il sentimento del tempo*)对我极有影响。现在，说这个有什么意义呢？阅读这种作品给我带来了创痛，它后来成为我生活中的一个症结，对我起到了迥然不同的作用，从某种意义上讲，是相互矛盾的。

　　首先，它使我成为一个反法西斯分子。读了兰波的作品，读了象征派的诗歌以及颓废派的诗歌，我机械地、自动地有了一种意识，我是个反法西斯主义者。所以说，他们的作品在我身上起到了一种具有积极意义的政治作用。另一个则纯粹是文学和美学的功能，但这是自相矛盾的，因为正如您所知，象征派使用的是诗的语言。这里，我得引用雅克布森[①]的话来大致上说明一下。雅克布森在论述诗歌的那种朦胧暧昧的意义时，引证了瓦莱里[②]。雅克布森说："关于象征派诗人，瓦莱里说过一句极有预见性、极有经典意义的话。那就是：诗歌是'某种持续地徘徊于意义和声音之间的一种若即若离的感觉'。"总之，象征派诗人的艺术特征建立在以下两点的基础之上：首先，诗意就是诗歌的内容，它有自己的特定语言；其次，这种语言既不是修饰性的，也不是叙事用的，而是诗意语言自身意识的表现。而后，这些理论几乎同时被俄罗斯形式主义作家所使用，

---

　　① 雅克布森（Jakobson），著名美国语言学家和哲学家，也是第一个吸收皮尔士符号理论的语言学家，全面提出了符号学的概念和研究范围，并提出跨学科研究是翻译研究发展的一条必由之路。

　　② 保罗·瓦莱里（Paul Valéry，1871—1945），法国象征派作家、诗人，喜欢在作品中将象征派的诗意灵感与古典派的清纯诗意结合起来。

再后来，就是近期被雅克布森明确地定义下来。所以说，那时，这种诗歌写作的艺术对我极有启发性，而且也有极大的吸引力，因为它跟政治毫无关系，纯粹是文学性的。它蕴含着文学的独立性、诗歌的唯一性与纯洁性。

由此，产生了与我前面所说的相矛盾的地方。现在，我每年都要到弗留里去，到我母亲的村子里去。那里的人们说弗留里方言。实际上弗留里话就像拉丁罗马语、卡塔尼亚方言或普罗旺斯语一样，是许多方言小说所使用的语言之一。普罗旺斯语我讲得不是很好，但可以跟我的同学凑合着说。一天，我正在用意大利语写诗，那时我的诗歌已经不是彼特拉克式的、高贵的、传统的样式了。那时我的写作受当时神秘派诗人的影响不小，因为在阅读了兰波和象征主义作家的作品以后，我开始阅读当代其他诗人的作品，从加托到彭纳等作家的作品。一天，我正在母亲乡下屋子里写诗时，从阳台上传来了说话声，院子里回响着"rosada"（弗留里方言），它就是意大利语露水（rugiada）的意思。这个词，使我受到了启发，就像苹果掉在科学家的头上会使人产生联想一样。听到这个词，我立即萌生了用它来写诗的冲动。于是，在头几行的诗句里，我用上了"rosada"这个已被我忘掉的词。第二天，我写出了我的第一首用弗留里话写成的诗。所以，我用弗留里话写作，那正是应了瓦莱里的话：诗歌写作是"某种持续地徘徊于意义和声音之间的一种若即若离的感觉"，就是说，它既不是意义也不是声音，那是某种介于两者之间的东西，那是天生的诗的语言。那是诗歌的语言，那是诗歌自身意识化的语言，而且我能够具体地、形象地运用自如。现在的问题是，正如我一开始所说的，这种语言并不是现实主义的。它完全是模糊的。这就是为什么我前面对您说到，我是从"外部"的情况来谈论这些诗篇是如何产生的。这些诗作是1942年在博洛尼亚自费出版的。当时是战争的年代……还有随后的抵抗运动。我哥哥应征入伍，但他逃跑到了山里，参加了游击队，进行抵抗运动，后来在战斗中牺牲。我也冒着生命危险为抵抗运动工作，有一天，我差点被法西斯的钩子钩住，吊死在亚得里亚海边的沙滩上。那是战争的岁月，那是抵抗运动在战后的最惨烈的时刻之一。我是因为反法西斯而参加抵抗运动的，但那时，我的头脑里自然还没有马克思主义的概念。我连一本马克思主义的书籍都没有读过。我只是一个反法西斯分子，而且我是支持行动党的。最初，我哥哥接触的是共产党，并且作为共产党员开始抵抗运动，但他最后也加入了行动党的战斗行列。

战争一结束，战后的第一年，发生了比战争本身、比先前阅读兰波的作品给我带来的冲击更大、更具有悲壮性的事情。那就是，弗留里的雇农们起来同他们的老板进行斗争了。同北方其他地区相比，可以说，那时弗留里的农村状况比较落后，几乎像西西里一样，还存在着封建残余，也就是说，还有大庄园主。于是，我看到了双方对峙的一幕：一方是紧密地团结在一起的农民们，他们每人脖子上系着红围巾，手里举着红旗，而另一方则是庄园主。所以说，在没有读任何马克思主义的书之前，我就自然而然地站在了弗留里农民的一边。也就是从那时起，可以说，我真正地、具体地、浪漫地开始了我的马克思主义活动。那是 1946 年。于是，我开始读马克思的《共产党宣言》，随后，陆续地又读了一些其他书籍。但这其中对我影响最大的，应该说是葛兰西的《文学和国民生活》(*Letterature e vita nazionale*)，因为这本书的内容既涉及了政治又涉及了我所从事的工作，即文学。所以，那时葛兰西的这本书对我起到了巨大的作用。我赞许马克思主义的观点也完全是由此开始的。

朱 ——— 您同马克思主义的关系如同您所说，是一种赞许关系？

帕 ——— 不只是赞许，可以说，在它的影响下，我有一种获得新生的感觉，就是说，它真正地改变了我的意识和我的人生。这种情况以前被称为"皈依"，或者就像今天的一个青年人的行为，参加抗议和游行活动，或者同自己的家人争吵，闹翻后，甚至离家出走……比如说，离家到农村里去过"穷人"的生活。从某种意义上讲，这就是我说的生活中的那种再生时刻之一。

朱 ——— 那么，请允许我提前提一个问题，按时间顺序，这应该是发生在后来的事情。您所赞许的这种再生运动，在您身上总是体现为一种用文化、政治、文学、电影等手段进行的斗争呢，抑或是在生存中也成为您为之竭尽全力而奋斗的事业呢？我的意思是，您觉得自己的义务仅仅是用文艺作品为那些理想而奋斗呢，或者也用您的整个生存而为之奋斗？我的意思是，您在日常生活中也全力以赴为之奋斗吗？

帕 ——— 不幸的是，我从来没有遇到过这种机会。在最初的岁月里，我曾经梦想过，但是那种促使我不顾一切地做出决定，扔掉我的书籍、我的笔、我的手稿，从而投入行动的那种机会一直没有出现。就是说，在20世纪40年代初，也许直到20世纪50年代初，曾经有过这种想法，想到革命行动的可能性。后来，逐步地，这种希望——总是那种再生性质的，可以说几乎是宗教性质或者说类似宗教性质的——逐渐变成了渺茫的泡影。到了今天，到了20世纪60年代，这种希望就完全泯灭了，至少对我这样年龄的人来说。所以，我总是在说，好啊，只要有机会，我会毫不犹豫地加入工人运动的行列。再说了，正如我刚才对您讲的，那次雇农的斗争，我是支持他们的，我混在他们中间，同他们一起游行示威，反对庄园主。这种行动，这种同情和支持别人的斗争和示威活动，我是经常参加的。比如说，就在一年前，我还参加了威尼斯电影节（1968年）。但我这只是在参加支持他人的行动，并不意味着放弃文学事业。

朱 ——— 现在请允许我提另外一个问题：听了您的叙述，现在我们对您的文学修养和成就有了一种概念，您的文学素养，您的文学风格，是不讲究修辞，不看重华丽的辞藻，而是深入钻研一些伟大作家的文学名著：从彼特拉克到帕斯科里，从但丁到邓南遮，从象征派作家到温加雷蒂，等等。您从他们的作品中汲取了宝贵的思想文化养分来丰富自己。与此同时，您又给我们展现您的另一种思想，即马克思主义思想，这是您在生活的某个时刻所接受的信仰。还有，在最近一段时间里，我们注意到了，您的为人中还有宗教性质的一面。您还说，您是把马克思主义作为人的宗教情感，作为再生而接受的。现在，我想问，您是什么时候强烈地感受到这种宗教情感的？它在什么时候第一次作为灵感显现在您的作品中的？这种情感什么时候成为您的创作活动中至关重要的因素的，如果说它是的话？

帕 ——— 怎么说呢……这种因素一直是存在的。但没有您所说的宗教显灵的意义。前面我对您提到，我最早用弗留里话写的诗作，是在18岁时写成在20岁时出版的。在那个用弗留里方言写的诗集里，可以说，已经深深蕴含着一种宗教动机了。您看，我前面说的是真心话，我用弗留里方言写诗，那纯粹是孤芳自赏，我把它作为天生的诗的语言来使用。那是瓦莱里或者说是马拉美①的理想。而我则是把这种理想具体化了。这是真的。但在前面，我在讲述时，为了简明扼要，我讲得很简单，这是我一向的习惯。事实上，如果说选择和使用这种语言时我并没有意识到它的现实意义，也就是说我没有

---

① 斯特芳·马拉美（Stéphane Mallarmé, 1842—1898），法国象征主义诗人和散文家，1896年被选为"诗人之王"，成为法国诗坛现代主义和象征主义诗歌的领袖人物。著作还有《诗与散文》、诗集《徜徉集》、长诗《希罗狄亚德》。马拉美的诗歌隐晦、幽默而神秘，将世态的坎坷、变故变成了语言柔韧飘逸的舞姿，将心灵的甘苦演变成天籁般的音韵意趣。在近四十年的诗歌生涯中，他天才的火焰，擦亮了无数颗热爱诗歌的灵魂，尤其是许许多多年轻人的心灵。他们无不被他语言的幽闭、奢华、孤傲，以及至美所折服。

意识到我和这种语言之间的阶级关系。但使用某些人说的话，从某种意义上讲，也就是在亲近讲这种话的人。说这种话的人是弗留里的农民，是天主教徒。所以说，农民的宗教信仰自然而然地反映在我的诗篇里。我也就自然而然地很快地接受了这种宗教信仰，因为它同我的心理基本状态，同我的自然本性基本相吻合。所以，在那些诗篇里，就有这种反映。比如说，在那个诗集的中间部分，有一首题为"星期天的橄榄"的诗里，描写的是，一个青年人在复活节那天，来到他家乡的小广场上，见到自己那死去的母亲以一个少年形象复活了，在向行人赠送橄榄枝。于是，他同那少年进行了一场有关基督的对话。这个青年不信仰宗教，而是感到基督"像个模糊的光环"。就是说，我虽然不相信基督，不像基督徒那样虔诚，但这个关于基督的主题，关于另一个世界的"模糊的光环"的主题，在我18岁时就开始出现了，而且反复出现。不仅如此，这个主题后来一直继续出现在我的作品里。

朱 ——— 也出现在小说里？

帕 ——— 从表面上看，小说里没有。

朱 ——— 从现实主义或新现实主义的观点来看，您那部优秀的小说《孩子们的生活》，以及您那非凡的写实能力都深深地打动了我。另外，我觉得，您对那些生存在如此恶劣条件下的人们表达了深深的同情和怜悯，同时您也本能地为他们的命运呐喊，可以说，是在向社会抗争。《孩子们的生活》表现出了那种对人性的渴求，同时也表现了罗马郊区的孩子们的那种迫于无奈的生活方式。如果有上帝的话，依据这种反抗的思想来看，那么我是感觉到了上帝的存在的，并且在您整个作品里都能感觉得到。但是，如果说，对上帝要有一种清晰的形象，对上帝有更坚定的信念和虔诚的心，这点我在您的小说里则没有感觉到。

帕 ——— 怎么说呢……如果您要以这种如此虔诚的信念来看的话，那么这种上帝在诗歌里您也找不到，甚至在影片《马太福音》里您也找不到。但是，我认为，在您谈到我的小说时，您所使用的语言，恰恰是、几乎就是具有宗教色彩的。

朱 ——— 也许是那种具有宗教色彩的愤怒情感……

帕 ——— 坦率地对您说，这种愤怒情感是有的。但老实说，大部分公民，但凡有点良知，但凡有点同情心，或者有一定政治倾向但思想并不保守的人，他们都会表现出这种愤怒情绪。总之，这是真实情感的表达。但在我的小说里，并没有那种宗教的因素。前面您讲到，在我的作品里，有某些因素。简单地说，就是一种传统的校园—经院式的风格。从彼特拉克到邓南遮，要知道，学校里学到的那些知识，已深深地在我们的脑海里留下了烙印，那是我们永远都不会忘却的。还有，在学校之外我自学而获得了另一种文化知识，从兰波到超现实主义到马卡多。再后来，就是政治—思想读物，这些构成了另外一种知识的源泉。

朱 ——— 在政治领域里，您读了些什么书？

帕 ——— 自然，列宁的所有作品我都读了。另外还有就是那些年里的出版物，就是那些年的左派报纸。

朱 ——— 毛的作品您读过吗？

帕 ——— 毛的作品，我读到的就是人们现在有的那个最小的版本，毛的语录。所以，这三种因素在作品里并不是区分得那么明显。它们搅和在一起，构成了混乱的一团，就是我前面讲的水泥混合物——岩浆。显然，它们交织在一起，错综复杂。我的产品，既不是这一流派也不是那一流派。事实上，它们是一种混合物，汇合了所有这些流派的东西。所以，尽管我的某些政治倾向是明确的，我的思想也是明确的，但在写作时，它们同我先前的文学素养便融汇在一起了，它们必然互相渗透，融为一体。

关于我的小说，我的回答即将结束。我的意思是，我从弗留里来到了罗马，脑海里满是对乡村的清新记忆，那是一个多么纯洁的农民世界啊，他们为人正直，做事认真，且有道德修养；而我来到罗马，来到罗马郊区这个巨大的染缸里，这给我的心灵，给我的情感带来了伤痛，我的意思是说，那真的是给神经带来的刺痛。刺痛我的是罗马游民无产阶级的那种样子，衣衫褴褛，身上带着泥巴，满脸的灰尘。他们愤世嫉俗，亵渎神明。他们没有天主教的意识，是坚定的异教徒，这一切对我来说是一次真正的打击，使我的心灵受到了极大的震撼。于是在我还没有弄明白他们的情况之前，我就开始写作了。《孩子们的生活》是我在来到罗马两个月后开始写作的。自然，受到这种伤害和打击的是一个已经有马克思主义文化修养的人，于是我竭力克制自己，使自己平静下来，思索着并用马克思主义的观点对这一切进行剖析。于是我对这种创伤以马克思主义观点进行诊断，也就是说，用马克思主义的正确观点来认识罗马的游民无产阶级。这里面，还有一个就是您所讲到的那种愤怒情感。但这种东西，我们可以这么说，这是普遍性的情感，没有特征，不具有个性，我的意思是，那是显而易见的。那是一种怜悯的情感，就是我前面称为的"创伤"。所以说，我是以一个具有马克思主义思想的左派人士的身份来写这部作品的，能够从政治和社会因素对罗马游民无产阶级做出相当正确的判断。但我在写作的时候，正如我前面对您说的，这种政治和思想观点同我以前的文学知识交织在一起互相影响，于是形成了这么一部大杂烩的小说。在作品里，有些优美的文学段落，甚至被某些人评为具有邓南遮的风格——但我认为，并非如此，因为这跟邓南遮毫无关系，如果要比较的话，倒是像波德莱尔——我的意思是，在这些极为细腻的描写段落里，夹杂着粗俗不堪的罗马土话，但这些以巧妙的手法结合在一起。就是说，一个极端是极具文学性的描写，另一极端则是完全口语化的表述，就是粗俗的形象化的语言，也包含着罗马人的脏话。但这两方面并不是割裂的。在一些段落里，这两方面互相感染，彼此渗透以至于达到了水乳交融的境界。而这种效果就是通过那种被文体家称为活生生的语言或者是自由的间接引语而产生的。诚然，有时候，我会说"里切托说"，然后，我写出了那个里切托所说的脏话。但有时候，我不想直接这么说，而是想通过人物，通过那个里切托的口说出来。这牵涉到语言的交感的问题：我通过他的话来传达他的思想。随后，这种语言的感染构成了小说的风格。我并不认为它是自然主义的表现，一点也不是，充其量在直接叙述中算是自然主义的表现，然而在自由的间接引语中，就完全谈不上什么自然主义了。相反，它有益于语言的融合，使其更具有感染力。

所以说，这是个风格的问题。这种风格里蕴含着宗教因素。因为我总是认为，宗教体现在风格里，因为正是在这点上，恰恰在这个地方，我来不得一点马虎。在其他部分，我可以表现出自己的高贵气质，自己的愤怒情感，这种情感部分地表达了我的内心感受，我的孤芳自赏，即那种在愤怒表达出来之后的心理满足感。在内容上，我可以表现自己的文学野心，那种要用文学作品为公益事业服务的雄心大志。这种情况经常会发生的，因为我们大家都是凡人，都有缺点，都有弱点和不足。但在风格上我是绝对不会马虎的。所以说，我先前说的那种宗教色彩包含在风格里，就是说，包含在我叙述的罗马郊区的故事里，我从不会把这种故事描写成纯客观的、自然主义的事件。这一切都不是真的，要真，也只是表面上的。实际上，罗马郊区小镇在我看来恰恰是一种显灵，一种梦想，一种风格学家的梦想，犹如游民无产阶级的殿堂，犹如一个完成的世界。

朱 ——— 但我总是想问：宗教对您来说意味着什么？神圣意味着什么？换句话说，神圣对您来说，成了服从风格的需要？

帕 ——— 不，风格是这种神圣的宗教色彩的产品。我的意思是说，我并不在意，为什么在我看到那种现实以显灵现象出现时，我的情感会直接导致那种风格的产生。就是说，我看不到自然的自然本性。圣灵是什么？关于天主，我可以告诉您任何一个大学宗教史教授可能会对您说的东西……

朱 ——— 请允许我讲述一个著名的关于沙皇的奇闻逸事。在那个时代里，地方上的一个著名哲学家应邀到大学里任教。当时帝国的检察官对这位哲学家教授心存疑虑，不知他是否忠实于神学，忠实于正统的神学。于是，便把教授找来，问他是否相信上帝。教授回答道："据我所知，对上帝有49种诠释，您指的是这49种的哪一个呢？"现在我要对您说的是，我可不知道，随便一个大学教授可能对我说什么……

帕 ——— 怎么说呢，那我也以另一个野史妄言来回答您。教皇庇护十二世（Pio XII）在其生活的某个时刻里，他的头脑里出现了幻景。您记得吗？在梵蒂冈的某个地方，我不记得具体是什么地方了，他看见了耶稣的身影。于是贝莱松知道了这件事情，便向人打听："耶稣显灵了，他是什么样子？"刚才，我对您说的关于上帝的定义，不管是哪种宗教史的学者对其所下的定义，我想以此向您表白，我在这个问题上的无知，因为我是一个无神论者，一个俗人，这个问题我不感兴趣。

朱 ——— 这令人好奇……您是世俗的人——您说的——还有，不可知论者……

帕 ——— ……而且还是无神论者。因此，关于上帝，我是无知的。我不对上帝做什么定义,因为那是跟我没有关系的某种事物。对于一个不相信上帝的人来说,对其下定义,那是不真诚的。

朱 ——— 但您相信宗教的、神灵的东西。您说,您的作品有宗教色彩,有种神圣的东西。我觉得现在您说的有自相矛盾的地方,您相信形容词而不相信名词。

帕 ——— 不,一点也不自相矛盾。我跟您解释一下:对于传统的人来说,对于生活在工业化以前的时代的人来说,对于生活在农业文明氛围的人来说,不管他生活在什么层次上,对任何客体、任何事情的发生,他都能感觉到神灵东西的存在。就是说,世间任何事物的出现,不管那是生活中的什么事物,他都认为是神圣的。所以说,神灵的东西可以出现在石头里、树木上,出现在邻居身上,出现在某些话语中。所有那些神灵的现象都可以具有宗教的神圣色彩。

朱 ——— 那么,我们如何理解神圣的事物呢?它们是一切事物的根源?

帕 ——— 瞧,现在,您强迫我……

朱 ——— 不,我不是强迫您。因为采访的关键问题之一,就是我试图理解您和您的作品,因为我对您的作品意义不是很理解……但我发现,连您也不是很明确,至少这是我的感觉。

帕 ——— 不，不，我自己是明确的，我是明确的。

朱 ——— 问题是，一方面，在一定意义上，您在世俗立场上，持马克思主义观点；而另一方面，您一再声明的那种宗教立场，它既反映在您的言语中，就是您的声明中，也反映在您的行动上，就是您的作品里。我因此而迷惘……

帕 ——— 现在我知道您的问题所在了。等我讲完后，也许您就理解我了。我刚才讲到，对于一个来自传统世界的人来说，对于一个诞生于工业化之前的人来说，他感觉到一切都是神灵现象，并且有时候，甚至可以看到神的显现，即上帝的显身。很显然，现在，农民的神灵世界陨落了。而我是出身于那个世界的，但是，随着岁月的流逝，随着我的成长和所受的教育，我的生活改变了，我进入了另一个世界，走入一个工业代的世界，这个世界被理性、世俗所制约，等等。但是，在我身上，这正是自相矛盾的地方，对我来说，现实依然是一种神灵现象。这种自相矛盾我可以解释清楚，如果您愿意听的话。我可以用哲学教科书的术语对您解释。我的意思是说，我的宗教信仰是内在性的。这怎么说呢？就是说，一方面，我不相信有超越性的上帝的存在；而另一方面，现实又是神灵，具有神圣性，这意味着现实本身就是上帝，现实就是神的显现。所以，简单地说，这就是一种内心信仰的形态，这样一来，所有的矛盾就迎刃而解了。您还记得我刚才讲到了电影吗？我研究过电影符号学。我的这种研究是步人后尘，追随在芝加哥大学教授符号学的莫里斯。当然我的研究主要遵循的是语言学的原则——我提到了雅克布森，自然，我还应该提到主要干将费尔迪南·德·索绪尔①，等等。我刚才讲到，我在研究电影符号学时，经过分析，我发现了那种可以成为电影语言的东西。于是，我发现了，电影语言如同一种风格固定的符号系统，它通过现实本身来表达现实。比如说，如果我想用文学的方式来表达一棵树，那么我有书写语言和口头语言代码。在代码里，"树"这个词是一个正统的、任意的符号——正如索绪尔所说——是那棵树的象征，是那种意义的表述。但如果，我想用电影来表达那棵树，那么我就再现那棵树本身；因此，我不用符号——就是莫里斯所称的符号形式的树，我是用树本身来表现树。因此树变成了自身的固定符号，我把它叫作"符号形式"的树。

朱 ——— 如果我可以对此提出疑义的话，那么我想说，树的视觉形象本身也是一种综合过程的产品，它也是一种特殊的符号，并不是树本身……

帕 ——— 是的，这是在电影中，在一部作者电影中。

朱 ——— 那么在正常情况下，我们也是这么看它的吗？

---

① 索绪尔（Ferdinand de Saussure，1857—1913），瑞士语言学家。他的学生巴利和薛施蔼根据同学们的笔记整理成《普通语言学教程》一书。这是一部具有划时代意义的著作，提出了全新的语言理论、原则和概念，为语言的研究和语言学的发展奠定了科学的基础。1916年在日内瓦出第一版，后来被翻译成多种语言，对语言学的发展产生了深远的影响，索绪尔因此被人们称为"现代语言学之父"。我们通过帕索里尼的谈话，可理解他的电影符号学概念的一部分，帕索里尼对电影符号学的理解和概念阐述与其他电影符号学家们所论述的电影符号学是有极大差异的。

帕 ——— 瞧,这个问题也提出来了。我的意思是,用树来表达树,在电影中,我有一系列的同现实客体本身相吻合的"符号形式"。所以,我的观点是:如果我要讲一堂电影符号学课的话,那么实际上,我讲的内容也几乎就是相当于我要讲的现实符号学的内容。就是说,我们每个人的潜意识里都有一种现实代码,通过它我们来认知现实。这种代码也许还没有被写出来,有了书写代码,我们每个人可以通过它来认识现实的真实状况,对于符号学教师来说,这种代码就是具有普遍意义的现实符号学。所以说,如果可以教授具有普遍意义的现实符号学的话,那么这意味着,现实就是一种语言。这就是我的观点。现实是一种语言。所以说,如果现实对我来说,是神灵现象——不,没有如果,它就是神灵,从情感上,从直觉上来说都是——在做出这种解释之后,那么一切就变得十分奇妙了:现实不再是一种神灵,而是一种神灵的意义了,就是一种神圣的语言了。

朱 ——— 那么《福音书》呢,从原则上讲,是《名言警句》(verbum)了?

帕 ——— 是的……也许……这个《名言警句》,也许要写一本书才能对它进行语言的分析。总之,情况是这样的:对于我这样一个不信仰宗教的人来说,现实是其自身的语言。所以,就像我前面对您所说的,我对现实有种神圣的认同。这就是我的观点。现实本身就是神灵,也就是我前面讲的那种内心需要。对于信仰者来说,我的这种理论是很诱惑人的。

如果芝加哥大学的莫里斯教授是个天主教徒或新教徒的话，那么他就可以把有关符号学的现实撰写成一本美妙绝伦的书，同时把现实理解为神圣的意义，即上帝的语言。

朱 ——— 您认识斯宾诺莎吗？

帕 ——— 认识，认识……您提到了一个关键性的人物。

朱 ——— 所以，你们过去……我发现，你们之间有很多相像的地方……

帕 ——— 是的。在我最近的一部影片《猪圈》里，影片的主人公和斯宾诺莎在猪圈里相遇了。

朱 ——— 他们竟然在猪圈……您多次使用了"符号学"这个词。您以雅克布森的作品为例证做了说明，如果您要以结构主义的术语来描绘您的艺术作品的话，不管是您的散文还是您的电影，您如何来描述它们呢？在您的小说和您的影片的结构之间，有什么相似的地方？

帕 ——— 从结构学的观点来进行探讨，那么意味着要对作品进行分析和研究……这样的工作也许由结构学研究专家来做会更好些。我的意思是，在语言和结构学研究上我是个业余爱好者。可以说，我并没有鲜活的材料和必要的工具来进行研究。我可以试图满足您的要求，仅仅以一种样式来说明。比如说，以我的影片为例，我以我的第一部影片《乞丐》来说明，并且我们假设在剪辑机上来进行分析。在我开始拍摄

《乞丐》时，我对电影摄影技巧一窍不通。我第一次进入摄影棚拍一个男孩的特写镜头——因为我们是以这个镜头开始该片的拍摄的——时，摄影师问我："我们用什么镜头来拍他？"而我那时，竟然不知道有那么多种不同的镜头。为此，我不得不别出心裁，创造出一套技术术语来。于是，我回答道："我们把他的头部拍得特别大。"于是他们给他拍摄了一个占据画面75%的大特写镜头，然后在放映样片时，我看到了效果，于是我开始明白了个大概。现在我要说的是，那时我缺乏基本的技术知识，可是话说回来，这些简单的基本知识在短短几天里就可以学会的，这使我最大限度地把电影技术简单化。即使我后来学会了那些基本的摄影技术，但我继续使用我的简单的办法。这样，我取得了相当不错的效果。就是说，我的影片效果并不糟糕，并非像人们想象的那样，一个不懂得技术、不懂得如何拍摄电影的人拍摄出来的是一部糟糕的作品。这意味着，这种技术上的简化并不纯粹是实用性的，或者至少说，这种实用性同一件更为重要的事情、意义更为深刻的事情相吻合了。就是说，我，即使在我较好地掌握了电影技术以后，我无论如何也要使用这种简化的技术。

现在，我们假定是在剪辑机上看我的影片《乞丐》，从叙事结构的观点上讲，第一个因素就是：在这部影片里，缺乏段落—镜头，所以对《乞丐》来说，剪辑就显得尤为重要了。因此，《乞丐》是由一系列短暂的画面、瞬间的片段构成的，每个片段都同某个现实的情景相符合。对那些短暂的情感强烈的片段，我使用一种相当模糊的语言。我说的这一切有什么意义呢？我的意思是，段落—镜头是电影中最自然的技术。就是说，如果我想赋予一个场景以自然意义的话，我就用段落—镜头：我站在摄影机后面，把整个场面的全部活动都拍摄下来。比如说，一个人进入屋子里，喝一杯水，从窗户往外望出去，然后走出去，这些动作全在一个镜头里。从某种角度上讲，我这是在表现一个完整的、没有中断的场景，这样使得段落—镜头的时间同现实行动所需要的时间相一致。这就是电影的自然情景的表达。现在的问题是，由于《乞丐》一片里完全缺乏段落—镜头，因此它谈不上什么自然主义了。相反，影片中许多互不相关的画面在一起，意味着我无时无刻不在观察现实，我关注每个事件、每个客体、每张面孔。因此，我是直接面对每个客体、每个面孔，我在他们的那种丰富而具有张力的面部表情上看到了那种神灵性，由此，产生了我前面所说的，那种上帝显现的神圣性。就是说，技术——正如孔蒂尼所说——它总是一种属于上天的秩序。技术不管它是您直接面对的、简单的或者是神灵的，不管它是否有真实性或自然主义表现，它仅仅是一种神圣的技术而已。

朱 ——— 说到这里，那么就让我们以您最新的一部影片、我看过的《定理》为例来剖析一下。我认为这部影片就像一件西班牙"祭坛背后的装饰品"，就是说，祭坛背后的那些大型壁画，那里中央有一张圣像画，两侧还有许多画像。我是这么看《定理》的，影片——除了以寓言为其主题思想外——恰恰就像那些构成祭坛背后的装饰品的画像一样，一系列互不相干的片段，一个个地拼凑在一起，目的就是起到搭建的作用。我看见的是，那些一幅一幅小画像放在中央大画像的旁边，就是为了阐明主题，给人以启迪，就好像起到现实投射的作用。也就是说，我看到的并不是叙事的运动，而恰恰是您的这番话：阐明主题和一些不相干的情景。我好像在您重复的话语中截获到了这种信息，比如说，那幢别墅的形象，那幢别墅好像是精心选择的，有点像"原始人"的建筑物，说明白点，好像卢梭这样的自然主义作家也会这样来表现似的。那幢别墅再现得那么清晰，我的意思是说，它就像埃特纳火山斜坡上散发出的一缕缕青烟，起到了装饰的作用，成为作品的主要结构之一。或者又比如说，这种技术在您用在描写家庭情景的时候：您先是描写一个人，然后再描写另一个人，然后再回到这个或者那个人身上，等等。在我看来，这一切在您描述《乞丐》的时候都已经使用过了。

帕 ——— 是的……让我们来概述一下。您还记得我在前面说过的关于我的小说的话吗？我说，那种神圣性，并不表现在各种人物身上的那种愤怒的情感或者怜悯心，也不表现在人物的心理上，而是表现在我们称之为文学语言和方言的互相感染的风格上。这两种语言糅合得那么巧妙，形成一种美学意义，既有那种暴力行为的表现又有激情四射的情感的表达。我的意思是说，在这种风格影响下，作者笔下的那种郊区小镇并不是自然主义的格调或者说真实逼真的，而是给人以神圣的现实感，是富有诗意的地方。

朱 ——— 郊区小镇风格变成了一把诠释这些小说的新钥匙。

帕 ——— 开始的时候，这些小说给人以现实感的印象，因为它们是在现实主义文学氛围内出笼的。但现在重读它们，我觉得给人以更多的感受，比如说，有加达①的印记，等等。

我刚才说，那种神圣色彩体现在这种风格里，也就是混合的状态里。而由此，神话也就制造出来了，即使从美学的观点上讲，小说里也具有一定程度的悲壮性和令人感动的气概。这种现象在随后的影片《乞丐》里表现得就更为明显了。《乞丐》里的那些特写镜头，那些具有神灵色彩的、正面的镜头——我把它们视为具有浪漫色彩的或者说马萨乔②式的镜头——同小说一样，取得了混合体的效果，即那些现实主义元素同样取得了神话般的、史诗般的效果。所以说，您问我的那种一贯的叙事写作风格是什么，其实就是这种将事物、客体不断神话化的风格，这种神话化正是我的情感的表达，我的同现实的神圣关系的表达。

关于刚才您提到的《定理》，不过这里，显然有一个跳跃。我想我刚才讲的，大致上就是我的历史。就是说，在我生活的某个阶段里，从我的第一部小说起，从《孩子们的生活》——其中的某些部分——开始，直到《马太福音》，不管是在小说里还是在影片里，都有无数自相矛盾的地方。这些矛盾的出现正是因为不同思想流派的影响，这其中有理性派思想的影响，

---

① 加达，意大利作家。

② 马萨乔（Masaccio，原名 Tommaso Guidi,1401—1428），画家，文艺复兴运动的先驱者之一，主要画作有《被驱逐出天堂》《三神一体》。

比如，马克思主义对非理性的批判、对我所推崇的颓废派文化的分析，等等。尽管有这一切的矛盾，但我的作品里仍然有某种一致性的因素，这部分原因是我的心理因素，就是我前面对您讲的，我同现实之间的那种神圣的关系。另一个原因就是我的思想观念在马克思主义文化的熏陶下的变化，就是说，我有一种观念，想按照葛兰西的观点，把作品写得具有民族—人民性的色彩。于是巧合就发生了，因为不管是我同现实的神圣关系还是那种把作品写得具有葛兰西式的民族—人民色彩的想法，这两种思想都具有一种史诗般的、客观性的色彩，尽管是文字记录性的。归根到底，客观性并不存在，因为一切都糅合在一起了，并且富有诗意的情怀。总之，这种自相矛盾而又协调一致纯属偶然。因为我的现实观就包含在葛兰西提倡的民族—人民性的思想内容里，并且带有悲壮性。不过，在某个时刻，思想危机产生了，那是 20 世纪 60 年代初。于是，一些影片就出笼了，比如，《小鸟与大鸟》《俄狄浦斯王》《定理》。这些影片很明显地同我以前的作品风格是一致的。但正如我同您所说的，这里有个跳跃性。这些影片丧失了客观性。就是说，在《乞丐》《马太福音》里所具有的那种史诗—神话的叙述色彩，在上述影片中已经荡然无存。于是，上述这些影片都有一个基本的特点，就是没有客观性，代之以极端的主观色彩。事实上也是如此，这些影片是寓言性的。用一些隐喻来表达一种思想性，一种思想主题，一种问题，用它来提出问题。

朱 ——— 这里有没有戈达尔的影响？

帕 ——— 我不认为有。因为我的影片总是极具封闭性的，我的最初的文学修养也总是促使我去创作那种被称之为"封闭的作品"。

朱 ——— 那么我要追根究底,"寓言"这个词怎么解释……

帕 ——— 寓言是封闭的。寓意性的作品是典型的封闭作品。

朱 ——— 但它总归是教育性的、宣传性的,正像那些学生抗议运动的干将用毛的作品对人进行教育一样。

帕 ——— 这也许只是外部问题。但事实上,当我说"寓言"时,我指的是那种既有原则性又讲究完美的艺术形式、为达到一种结果而具有正确的艺术结构。

朱 ——— 那么寓言是否也意味着一种教育形式?有某种明确的教育目的、建设性的作用,或者具有某种象征性的作用?

帕 ——— 不,没有教育和建设等作用,也没有其他的用意。我认为,这一切都没有。没有。我的寓言只是散文性质的,我的寓言并不是说教。这是问题的关键。就是说,关于马克思主义思想在意大利的衰落,特别是在20世纪50年代末出现的马克思主义信仰危机,关于这一切我本可以写文章进行论述的,但我没有写,而是用诗意的风格把这种思想演绎了出来。因此我是把这一切用寓言的方式予以表达,但我并不愿意用它来教育人,而只是提出问题,就像我写文章会在文章里提出问题一样。我的文章并不是一部说教式的作品,而是一部提出问题的作品。而事实上,这种问题在影片里一直是存在的。

影片并不解决问题，也不对人进行任何教育，仅仅是向观众提出一些问题而已，仅仅是再现种种现象和表达种种观点而已，并且影片里的问题总是悬而未决。仅此而已。

朱 ——— 在我看来，"说教"这个词不是随便用的。从某种意义上讲，它使我产生了一种感觉，好像您最近的几部作品就闪现在眼前，在这些作品里，您以这种或那种方式在表明，您就是那么一个在教导人们如何习惯于某些事情的人，一个把我们的思想朝一定方向引导的人。

帕 ——— 也许是的，如果您喜欢用"说教"这个词的话。但我们要从布莱希特的意义上来理解它。对，也许从这个意义上来理解是对的，而不是戈达尔，因为戈达尔的作品是开放性的。我对戈达尔是很敬佩的，这点，咱们可要明确了。

朱 ——— 但不可否认的是，你们两人之间有相似之处。事实上，在当前，在那些自由洒脱的从影人员中，你们两人是最活跃的。有相似之处并不等于有直接的关系，而是有某种共同的话题，共同的问题，共同的反应……

帕 ——— 这也许可能。我们在各自的环境内起着相似的作用，也许是这样：一种挑衅性，激发别人，煽动别人，等等。在戈达尔身上，这种煽动性构成了他的艺术特征。戈达尔如果不在自己的作品里表现那种煽动性，那么他也就不是戈达尔了。因为他是个善于表现煽动性的人，他极富天才，在作品里构思着那种煽动性，并且给人以极大的启迪。而我就不一样了，在我的作品里，那种挑衅性几乎总是占据次要地位，就是说，有时候也会出现，尽管那并非我的本意。

朱 ——— 但是，眼下，在您的影片比如《定理》或《猪圈》里，难道您就没有构思过，要把它们拍摄成有挑衅性吗？

帕 ——— 没有，没有构思过，但它自然而然地表现在事物中。

朱 ——— 但您就是在向人们挑衅。您是从各个方面向环境挑战，也许您是想看看人们的反应，看看您射出的子弹能够引发出什么样的火花。

帕 ——— 坦率地对您说，我并没有直接的目标。

朱 ——— 但您不认为，使用"猪圈"这个词本身不就是极有挑逗性吗？并不是我——这里要说明白了——对此感到惧怕，因为在某些时候，我也使用这个词。但在这种情况下，难道没有"直接目标"吗？

帕 ——— 这么说来，也许是吧。但您知道，片名是次要的因素，它是为了吸引人的……

朱 ——— 难道这不就是挑衅性！

帕 ——— 那好吧……但您知道，这并不是实质性的问题。片名可以是重要的因素，引人注目的，因为它在当时，在特定历史时期内，在影片上映期间或者出品的当年有一定的含义。总之，片名并不构成影片的实质性的内容。

朱 ——— 我有一种感觉，正像您所说的，您从史诗叙事阶段过渡到提出问题和向社会挑战的阶段，那么您现在是仍然陶醉于这个阶段的创作呢，抑或是您又看到了另一种前景了呢？

帕 ——— 没有新的前景。我仍然停留在这个阶段里，我可以告诉您原因。因为葛兰西所分析的以及我青年时期所经历过的、直到四五年前我所熟悉的那个世界，已经消失了。

朱 ——— 那么现在这个世界，是哪种世界呢？

帕 ——— 当葛兰西讲到民族—人民性的作品时，他面对的是一个客观存在的世界，在那个世界里，类似的作品有读者群，就是说，工人阶级就是民族—人民的体现。但是现在，在意大利，一个像这样的工人阶级事实上是不存在了。

朱 ——— 那么请允许我讲讲自己的观点。我不是个马克思主义者，我认为马克思主义在西方世界，比如，在这个国家，在美国已经完全过时了。在美国，资产阶级不仅没有消失，而且成了占主导地位的阶级了。那个消失的阶级是工人阶级，这是从马克思主义经典意义上理解的工人阶级。尽管还存在一定数量的工人，但现在这些工人的生活条件——而且大部分已经成为富裕的人——趋向于小资产阶级的生活水平，这里指的是美国的那种资产阶级，其中，不同层次的资产阶级逐步完成了过渡阶段，形成了完善的结构，已经合成一体的阶级了。从这种观点上来看，正如您所发现的，葛兰西一度向往的那个世界，众所周知，他心目中的那个美妙的世界，那个世界已不存在了。既然，这个阶级已经不再存在了，您不愿意重新审视一下您的立场吗？您拍摄了《定理》这么一部完全是基于资产阶级概念的影片，也许，在欧洲某些情况下可能有一定的意义，但在这儿，在美国就毫无意义了。就好像这里，我们完全说着不同的语言。

帕 ——— 不，对于这点，我不同意。我在《定理》里所描绘的资产阶级，是工业世界里资产阶级的现实，就是说，那完全是一个异化了的资产阶级，他们完全在编制好了的代码下生存，他们的理想就是追求优越的物质生活，可能还有一些教权主义和民族主义的思想残余，但这已经没有任何意义了。我表现的就是这种资产阶级。

朱 ——— 但是欧洲的资产阶级，特别是美国的资产阶级，即资本主义世界中那个最先进的部分，已经不是从前的样子了。他们成为聪明智慧、思想开明的资产阶级。

帕 ——— 是的，这个我完全明白。但您是从自由人性上来看这些问题的，就是说，您是从开明进步资产阶级所取得的积极性的成果来看这一问题的。那个实现了自己梦寐以求的理想的资产阶级，但事实上，它并没有实现理想的这种感觉。资产阶级的这种富有人道主义的、进步的、自由的理想的实现纯粹带有偶然性。美国资产阶级更是如此，他们以专家政治论、技术统治而带来的理想的实现纯粹带有偶然性。我认为，您在这点上被迷惑了。事实上，这一切的发生不再跟人文主义发生关系了，也不跟您所指的这些有意义的事情有关系。这一切的发生是建立在技术文化、大众文化的基础之上。在这种文化中，您说的这一切具有另一种意义，不同于历史上的意义。在一种不同文明的社会里，资产阶级的理想是一回事，这些理想的实现是另一回事，两者之间是存在着差异的，有着质的差异。

朱 ——— 请注意了，我可不愿意在这个层次上讨论问题，因为在这里，我们最感兴趣的还是想了解您个人在这个世界上的经历，而这种奇特的经历是通过您的作品所表现出来的。至此，我想应该说一下，我看得出，您伟大的人品，以及您正竭力试图从您现在所做的对人性的正确定义过渡到科学技术进步所带来的新的条件。这会儿，讨论到这一步，我对您最感兴趣的问题，也是最后一个、最本质的问题，就是您如何看待电影—文学之间的关系。当下，您是如何把这两种主要的创作活动结合在一起的，换句话说，您是否把它们视为互不相干的行为，您从一个活动到另一个活动，就好像它们是两个不同的世界，或者说，您连续使用其中的一种，您已经达到一种能够将两种活动综合的境界，因此说，您既是一个具有丰富文学阅历的电影人，或者说，跟十年前相比，您已经是一个新文人了，但您又是一个在电影界举足轻重的文人。

帕 ——— 我觉得，您以这种方式，想探讨专业领域的某些具体问题。我可以回答您的这个问题，这似乎是个很专业、极具个性化的问题，这跟我的艺术创作有关，我们恰恰是在继续我们前面开始的话题。既然聆听我们这次闲谈的对象是大学生们，那么，关于美国新资产阶级的争论，就让他们来判断我们两个谁是谁非吧。

那么，让我重新回到我的社会生活环境中来吧。那种社会正在以巨人的步伐朝美国资本主义的那种典型环境靠近。就是说，意大利在最近这六七年里以巨人的步伐在前进，其成就要超过它整个一百年前的发展。它以巨人的步伐在腾飞，飞向新资本主义，飞向工业化，等等。而正是这个原因引起了我的思想危机。就是说，这种经济奇迹的出现，导致我从葛兰西的神话—史诗阶段过渡到另外一种，我们可以说它是问题阶段。在这个阶段里，我的作品甚至是蕴含着——这似乎令人惊诧不已——贵族般的气质、高雅的氛围，同时也表现出了一些困惑不安。现在，我们也许可以这样理解这一问题：一方面，我的感觉是，在这个世界上，我创作对象的思想变了，这个世界不再是我想象中的并寄予希望的那个人民、工人阶级、先进的知识分子的世界，而是一个非常复杂的世界。在这个世界里，群众文化背景让人捉摸不透，甚至让人感到了其危险性。但在意大利这种情况还没有那么严重。在意大利，人民和资产阶级的思想以令人难以想象的形式混为一体。所以，话说到了这儿，我的这种与日俱增的困惑、彷徨也许是有其客观原因的吧，因此我不得不把我的创作对象转向知识精英。诚然，在我的这种行动中，也有自觉自愿的成分。这种成分使我在创作上颇有成效，对此，我可以向您讲几句我的戏剧创作，也许您就明白了。您向我提出了一个涉及我的选择的问题。在我还没有弄懂我在电影和文学这两者之间的内心动力的关系的时候，瞧，现在，戏剧问题跳出来了。那么它怎么会跳出来的呢？它跳出来完全是非理性的，是我的直觉导致的。那时候，我生了一个月的病。在那些日子里，我不能进行任何创作。我终日躺在床上。当我重新拿起笔时，我开始写起了悲剧，是以诗体的形式写出的，我一共写了六个。现在我觉得特别有意思……

朱 ——— 那么，您出版了吗？

帕 ——— 没有，还没有出版。作为演出的尝试，我给了托里诺一本。我将在一年以后出版它们。我还在修改。电影《定理》也是源于诗体形式构思的悲剧。现在，我应该坦白地告诉您，在很长一段时间里，我仇视意大利的戏剧演出。因为，在意大利，戏剧演出的效果糟糕透顶，这里有客观的原因，也有历史的原因。因为，在意大利，没有一种共同的语言让所有的意大利人接受，每个意大利人都说自己的意大利口语，而不像写作，大家都遵循书面语言的标准。意大利人有共同的书面语言，但没有共同的口头语言。为此，演员们为了满足本地区人的需求，他们不得不使用一种并不存在的人为的意大利语。使用了这种矫揉造作的语言，其结果就可想而知了，他们所说的台词变得不真实了。瞧，这就是我不喜欢意大利戏剧演出的原因。

朱 ——— 大部分文学都存在这种现象……

帕 ——— 是的，文学也存在这种现象。但是，文学是建立在书面文字的基础上的，所以说，书写的话语同口头语言在功能上有很大的差异。不管它了,我们还是言归正传吧,来说一说我对戏剧感兴趣的原因。可以这么说,我是凭直觉而喜欢上戏剧的。当然,在这之后,还经历了批判和思考的阶段。于是我明白了,从根本上来讲,我之所以选择戏剧是因为我想按照事物的本性、按照其定义来做点事情,但是,戏剧永远也不会变成大众传播媒介。事实上,戏剧是不可复制的。它也不可能成为系列剧。我的意思是,意大利的文学状况,像其他发展中国家里的文学一样,也开始受到工业文化的威胁,就是说,受到商品化的影响。电影已经在很大程度上受此威胁了。事实上,看到电影《定理》所产生的悲剧意义,对于我来说,这是一种持续性的焦虑感,因为最初摄制这部影片的意图是试验性的、为某些精英而拍摄的,等等。最后,它却被投入了市场,投入广大群众之中。而群众以某种方式去诠释它、理解它,这使我感到沮丧,总之,使我产生焦虑和不安。相反,戏剧就不会产生这种情况。因为,不管有多少人去观看一部舞台演出剧,但它永远不会同那种被称为"群众"性的因素相吻合。戏剧演出的对象是观众,他们可以是数百数千的,是一个又一个看得见摸得着的活生生的观众,面对着有血有肉的演员的观众,等等。所以说,我选择戏剧作为媒体,但它永远成不了大众性的媒体,它可以成为我的作品的一种范例。这也适用于诗歌。

我现在正在写作的诗歌并不是讨人喜欢的、令人愉悦的,我把它写成尽可能少的有消耗色彩的诗歌,这也是从外部形式上讲的。我知道,诗歌是不会被消费掉的,我明白,说诗集是消费产品，这是无稽之谈。因为事实正相反，诗歌不是消费产品。社会学家在这点上错了，他们应该重新审视自己的观点。他们说制度吞食一切，汲取一切。这不是真的。有些事情是制度不可吸收的、不可消化的。比如说，这里其中的一种，恰恰是诗歌，我认为它就是不可能被消费掉的。一个人可以成千上万次地阅读一本书，一本诗歌集，但不会消费掉它。损耗的是书，是不同的版本，但绝不是诗歌本身。所以，我的结论是，我心里也清楚，诗歌蕴含的精神是具有永恒生命力的。但我的愿望是，它的外部也不要被磨损。电影亦是如此：现在，我拍摄的电影越来越让人难以理解了，它提出的问题也越来越尖锐、越来越复杂，同时也越来越具有挑衅性，也许目的正是使其尽可能地不被当作消费品使用，这如同戏剧一样，它不能成为大众化的东西，因此剧本文本就能被保留下来。

注释

[1] 关于帕索里尼的教育思想，参阅恩佐·高利诺 (Enzo Golino) 的杰出研究著作《帕索里尼的梦想：教育学、情感、从人民的神话到大众社会》(*Pasolini, il sogno di una cosa : pedagogia, eros, letteratura dal mito del popoloalla società di massa*)，Bologna il Mulino 出版社，1985 年初版。米兰 Bompiani 出版社，1992 年再版。

[2] 阿尔贝托·莫拉维亚：《平民诗人帕索里尼》(*Pasolini poeta civile*)，载《意大利季刊》(*Italian Quarterly*)，1981 年，第 82—83 期，第 9—12 页。

[3][4] 同上，第 10 页。

[5] 参见奥利娅娜·法拉奇 (Oriana Fallaci)：《一个马克思主义者在纽约》(*Un marxista a New York*)。该文发表在 1966 年 10 月 13 日的《欧洲》(*L' Europeo*) 期刊上。现在收入由 Walter Siti 和 Slvia de Laude 主编的 *Mondadori, I Meridiani* 专集中，米兰出版社，1999 年，第 1596—1606 页。

[6] 恩佐·西西里亚诺 (Enzo Siciliano)：《帕索里尼

的生平》(*Vita di Pasolini*)，米兰 Rizzoli 出版社，1978 年，第 304 页。

[7] 同 [5]，第 1598 页。

[8] 同 [5]，第 1600—1601 页。

[9] 同 [5]，第 1602 页。

[10] 同 [5]，第 1601 页。

[11] 这是在《晚邮报》(*Paése Sera*)上发表的一篇节选文章，题为"帕索里尼的美国"(*L'America di Pasolini*)，1966 年，11 月 18 日；该文的全文题目为"内战"，收录在《异端的经验论》专集中，米兰 Garzanti 出版社，1972 年；最后收录在 *Meridiani* 卷的第一册《论文学和艺术》(*Saggi sulla letteratura esull'arte*)，米兰 Mondadori 出版社，1999 年，第 1429—1439 页。

[12] 皮耶尔·保罗·帕索里尼：《内战》(*Guerra civile*)，第 1431 页。

[13] 同上，第 1437 页。

[14] 同 [6]，第 306 页。

[15] 同 [2]，第 12 页。

[16] 尼可·纳尔迪尼 (Nico Naldini)：《论文学和艺术》，选自《年代学》(*Cronologia*)。

[17]《新论点》(*Nuovi Argomenti*)，1968 年 4—6 月，第 10 期；现收录在《论文学和艺术》里，第 1440—1446 页。

[18] 同上，第 1448 页。

[19] 同 [2]，第 11—12 页。

[20]《新戏剧宣言》现收入《论文学和艺术》第二册，米兰 Mondadori 出版社，1999 年，第 2481—2550 页。书中引用的段落正是出自本册。

[21] 皮耶尔·保罗·帕索里尼：《新戏剧宣言》，第 2488 页。

[22] 同上，第 2496 页。

[23] 同上，第 2499 页。

[24] 同 [6]，第 299 页。

[25] 对此，请参见奥莱利奥·隆加里亚(Aurelio Roncaglia)的杰出论著《关于戏剧》(no Teatro)，现收入《帕索里尼卷》(nel volume Pasolini)，米兰 Garzanti 出版社，1988 年。

[26] 姜卡洛·费雷蒂(Giancarlo Ferretti)：《帕索里尼眼中的可怕的世界》(Pasolini: l'universo orrendo)，罗马 Editori Riuniti 出版社，1976 年。另外，关于这点也可以参考路易吉·丰塔内拉：《侥幸的词》(La Parola aleatoria)中"帕索里尼和诗意戏剧"(Pasolini e il teatro di poesia)一章，佛罗伦萨 Lettere 出版社，1992 年。

[27] 皮耶尔·保罗·帕索里尼：《诗歌和重新找回的散文》(Poesie e pagine ritrovate)，由安德雷阿·扎诺托、尼可·纳尔迪尼主编，罗马 Lato Side 出版社，1980 年，第 205 页。

第 II 部分

奥斯瓦尔德·斯塔克等对帕索里尼的访谈

文化背景：家庭、社会、政治与电影

[斯：奥斯瓦尔德·斯塔克；帕：帕索里尼]

斯 ——— 您写了许多关于您的家庭对您的重要性，能否告诉我一些您早年的生活和教育的情形？

帕 ——— 我出生于意大利社会极为典型的小资产阶级家庭，我是意大利统一下的产物：我的父亲来自罗马尼奥一个古老高贵的家族，母亲来自弗留里的农家，日后成为小资产阶级。外曾祖母有个酿酒坊，外祖母住在意大利西北部的山麓地带，她有西西里和罗马的血统，所以我可以说是来自意大利各地——这点我必须特别强调——尽管我父亲是属于高贵的血统。我出身于意大利社会的资产阶级，童年的情形是这样的：我没有家，游居在意大利北部各地。我在博洛尼亚出生之后，在帕尔马度过了一年，然后到了贝卢诺、萨奇莱、伊德里亚①、

---

① 伊德里亚属罗马帝国时代中欧，与西班牙的阿玛登（Almadan）仍是今日重要的汞矿区，是当年代替死刑的充军处。

克雷莫纳和北部其他几个小镇。

至于要谈我和父母亲的关系是相当困难的,因为我懂得一些精神分析。我不能十分确定该用诗的语言、逸事的记忆或是用精神分析的术语来谈论他们。总之——我难以办到,因为,如您所知,最难了解人自己的便是自己。我要说的是,我极爱我的母亲。在一系列的诗中,从1940年到三四年前(我放弃写诗)[1]的最后一本书,您可以找到印证。长久以来,我总认为我这性爱的、情绪化的生活,是对母亲过多的甚至畸形的爱的结果。但是,近来我了解到我和父亲的关系也是很重要的。我总认为我恨父亲,实际上,我并不恨他:我和他有冲突,和他保持着长久的、暴戾的紧张关系。这有许多原因,主要原因是他极为傲慢、自私、自我中心、蛮横和专制,但是有时也颇为天真。除此之外,他是个陆军军官,是个国家主义者,支持法西斯主义,这是另一个外在的、正当的冲突的理由。更甚者,他和母亲的关系极为糟糕。我现在才理解,也许他太爱母亲了,却没有得到相应的回报,使得他处于暴戾的紧张状态中。而且,就像大多数的小孩一样,我主要是站在母亲这边的。

我总认为我是恨父亲的,但近来当我写作最新的诗剧中的一部《寓言故事》(*Affabulazione*)、在处理一对父子间的关系时,我意识到,基本上,我的性爱的、情绪化的生活的一大部分并非源于对父亲的恨而是对父亲的爱,一种在一岁半时那种内在的爱,或许是两三岁时,我不确定——至少那是我重构事物的开始。父亲从肯尼亚的战俘营归来后,死于1959年。我献给他一本在 1942 年用弗留里方言所写的诗集。弗留里语是我母亲的方言，显然，我父亲一定会反对的，因为中部的意大利人总以种族的偏见看待任何来自意大利边缘地带的事物，何况他也是法西斯主义者（在意识形态上，法西斯主义是敌视方言的，因为后者是真实生活的形态，而这正是法西斯主义所要掩盖的）。献给他这本诗集是一种极为大胆的表现。

斯 ——— 何时您才感受到宗教？当时年纪多大？它是来自家庭还是学校？

帕 ——— 我父亲并不笃信宗教，他不相信上帝。但他既然是个国家主义者、法西斯主义者，约定俗成的吧，他带我们去参加礼拜日的望弥撒，是基于"社交"的缘由。我母亲则是来自弗留里的农家，有着宗教的传统，却是绝对地自然，既不尊奉也不执迷。她从不上教堂，也不参加宗教团体，她的宗教纯粹是诗意的和自然的，主要是来自童年时代极为亲昵的祖母。我的童年是完全缺乏宗教教育的。我想我是所有我认识的意大利人中最不具天主教色彩的。我从未接受过坚信礼[2]，而且常常在教义的课程中逃课，我讨厌上神甫办的学校。其后，我就读于世俗的国立学校，博洛尼亚的加尔瓦尼中学对我尤其重要：世俗的传统，所有的老师皆非神职人员。整个说来，学校教育中的宗教对我的影响很小。我认为我是世俗的、无信仰的。我的宗教是一种极为特殊的另类：它不适合于单一模式。我不喜欢天主教，因为我不喜欢任何的机构。另一方面，我觉得声称自己是基督徒，有些夸张且多余——如克罗齐所言：就文化上而言，每一个意大利人都是基督徒。然而这些口头禅却激怒了我。事实上，我的宗教也许是一种心理迷乱脱轨的形式，一种神秘主义的倾向：这涉及一个极为特殊的心理因素——我看待世界的方式，也许是太尊敬、太虔诚、太孩子气了。我带着崇敬之心，看待世上的事物、人和自然，但这是我的性格使然，而不是因为我的教育和教养。

斯 ——— 您何时学会阅读和写作？您谈到了写作的重要：在您能读诗歌或唱流行歌曲之前就学会了吗？

帕 ——— 不，在我开始写作的同时也开始写诗歌。那是在我四岁之前——我学习认字和绘画。大约七岁时，我只学习写作，但不幸的是，我丢失了早期写的诗稿。这些诗写在小笔记本上，我保存了多年时间，却在战争期间丢失了。我作了画刊诗，因为我想出版，实际上我绘制了一段时间。在这些早期的诗里，除了《夜莺》和《青绿》两首诗外，其余的诗都忘记了。这是您能看到的两首文字修辞极端华丽的诗，因此您能看到我早期的文学风格。

从那以后，我对流行歌曲失去了兴趣，我当时大约 25 岁或者 26 岁。

斯 ——— 弗留里怎么样——作为一个孩子，您在此学到了什么？

帕 ——— 我与弗留里的关系是非常奇特的，因为，实际上我的语言不完全是弗留里的方言，甚至也不完全是我母亲的方言。弗留里有三种语言：第一种是弗留里的古老的语言，是一种蕴含其内在之光的真正语言，而不是方言；第二种是威尼斯语，它是带有威尼斯习俗的统治阶级的语言；第三种是意大利语。我母亲的语言属于威尼斯郊区的农民所讲的语言——不是弗留里方言——是地道的意大利语。我听过弗留里的农民讲话，那才是绝对地道的农民。但我自己从未讲过这种方言，我只是后来学会了讲这种方言。我开始用这种方言写诗歌。我学会了用它作为一种爱的神秘行为，一种带普罗旺斯气息的诗。我大约是在17岁时用弗留里语写了第一首诗，完全是出于特别好奇的原因。您知道，那时意大利正流行"隐逸派"，这是一种狭隘主义潮流，在意大利温加雷蒂（里尔克也受到一些影响）受到马拉美及其象征主义的广泛影响。随后更加重要的唯一代表人物是蒙塔莱[3]，他代表了一种"隐逸派"的边缘，更多倾向于像艾略特和庞德这样的欧洲诗人。

神秘诗的中心概念是把纯粹的语言作为诗的语言。在每种文学语境中有一种真实的诗语言和散文语言，但这种神秘诗不自觉地夸大了这个概念，并因此采取一种为诗而诗的语言，且把它发展到极限：这实际上意味着完全无法理解和交流的茫然。我采用弗留里方言作为一种特别的诗语言——它与任何一种倾向现实主义的诗完全相反。这是现实主义的极致，是神秘朦胧的极致。但是，一旦我采用了这种方言，它便不可避免产生一种效果，即使我最初出于纯粹的文学原因采用它。我一旦采用了它，便意识到自己接触到了某种事物的生命与真实，它像运动的飞旋镖，让我们通过弗留里方言，理解了一种农民的现实世界。当然，我首先理解它采用了一种有缺陷的美学方式。我建立了一所小的弗留里诗学院，造就了战后一些最佳的年轻诗人，但这种神秘家的"诗化语言"能理解某种像瑞士的密斯特拉尔①和普罗旺斯用奥克语写的诗。一旦我迈出了这一步就不能止步，因此我开始使用方言写作不是作为神秘的唯美主义的策略，而越来越多的是作为一种客观的和现实主义的元素：这在我的小说创作中发展到了顶峰，即运用罗马方言作为一种创作方法。确切地讲，这就是从我采用弗留里方言开始的。

斯 ——— 当您上学时，法西斯势力对您的压力很大吗？

帕 ——— 不，虽然我诞生在法西斯的年代，在法西斯的世界生活却没有察觉到法西斯主义，如同鱼儿不知道它置身于水中。那时我还是个小孩。但我大约在十四五岁时，就不再读冒险小说，也不再呼"万福玛利亚"，我成为一个不可知论者而且有了文学创作的野心。我开始读一些严肃性的作品，如陀思妥耶夫斯基和莎士比亚的。同时我和社会之间出现了鸿沟，我的反法西斯绝对是文化领域的。当我开始念一些真正的作家如陀思妥耶夫斯基和莎士比亚，接着是兰波和神秘诗派时——他们都是法西斯所反对和排斥的——我觉得自己置身于社会之外（或者说，我潜意识开始对社会挑衅）。事情演变至此，源自我阅读了这些人的作品。如同农民们使用弗留

---

① 加夫列拉·密斯特拉尔（Gabriela Mistral，1889—1957），智利女诗人，1945 年获诺贝尔文学奖。她是拉丁美洲第一位获此殊荣的诗人。

里语的经验，就在一瞬间，我便了解到自己是站在反对的一方。起初我的反对立场是极天真的，纯粹局限于理想的王国中。我正好运用我的想法正常轻松地讨论一些事情，开始在一些公众集会中进行文学专题演讲，在全球工会联盟（GUFS）中、在法西斯常常举办的伪文化会议[4]中，一次又一次发表文学专题言论，我如此的率真，丝毫没认识到这是背叛行为，后来，我才逐渐意识到，并且彻底走向了反抗的一方。

斯 ——— 年轻时如此辗转流离，必定使您十分困惑，何时您才真正定居下来，结交一些可定期交流的朋友？

帕 ——— 博洛尼亚是我首度感受到文化环境的地方，我上博洛尼亚的中学，也在该地就读大学，我结交了最亲密的朋友如弗朗切斯科·莱奥内蒂[5]（Francesco Leonetti）和罗伯托·罗韦尔西[6]（Roberto Roversi）。我们创办了《工作坊》[7]评论杂志，这些组织在继续着。也就是在博洛尼亚，我遇见了罗伯托·隆吉[8]（Roberto Longhi），我应该与他一起研修艺术史，但在战争期间，我将论文概要笔记弄丢了，于是只好改变计划，总而言之，博洛尼亚是成就我的第一个决定性的地方。

此后，在战争期间，我长期逗留在弗留里，我们搬进了博洛尼亚的防空洞（我哥哥在游击队的战斗中被杀害的地方）。弗留里是我生活的第二个主要环境，虽然它有些人为造作，但是我选择了它作为我美学的、神秘幻想的和写诗的理想站点。然而，它对我是重要的，特别是在那里，我以非同寻常的方式成为马克思主义者。因为我要告诉您，我发现弗留里农民对他们方言的运用非常自如。战后雇农直接参与了在弗留里反对大东家的重要斗争。我第一次毫无准备地在现实生活中发现了我自己，因为我的反法西斯主义是纯净美学的和文化的，它不是政治的。我第一次发现了自己面对的阶级斗争，并且毫不犹豫：我立即站在了雇农一边。他们脖子上围着红色围巾，并且从那一刻起，我正是那样，从情感上接受了共产主义。然后我读了马克思和一些马克思主义者的著作。因此，弗留里对我是非常重要的。但我工作最长的地方是罗马——我从1950年来到此地，以后一直居住在这里。

斯 —— 您与隆吉一起作的论文是关于什么？并且您怎么丢失了它？

帕 —— 我应该作的论文是关于意大利的当代绘画，我完成了有关卡拉①、德·皮西斯②和莫兰迪③的简要章节。1943年，我把文本汇集在一起时出了事。我是在宣布了停战日（9月8日）[9]后，在军队逗留了一个礼拜，因为他们把我当作囚犯关

---

① 卡拉（Carlo Carrà，1881—1966），意大利著名画家。他在1914—1915年间创作了《神童》《浪漫派》和《小推车》，这些作品反映了他对简洁和纯粹形式的探索，使他的绘画进入了短暂的形而上阶段。1916年，卡拉为了整理自己的绘画创作，发表了两篇欧洲艺术史上相当重要的文章：《论乔托》和《结构大师保罗·乌切罗》。

② 德·皮西斯（F. de Pisis），意大利著名油画家，他的绘画充满形而上的色彩，因为浸染在意大利中部的风光中，他开始使用一种诗意的语言，并一直保留在他此后的艺术创作中。

③ 莫兰迪（Giorgio Morandi，1890—1964），生于博洛尼亚，被称为市民画家。

在营房里——两个德国军人驾驶坦克囚禁了我们军团，我丢失了我的论文。我和朋友在武器装备方面是军事常识最少的人，我们在第一次反抗行动中，毫无准备地成了俘虏，但当我们举起胳膊假装向德国人投降时，趁机把他们扔进了垄沟，在机关炮火扫射和爆炸间歇，我们跳入了垄沟，并且等军团离去时逃脱了。这完全是本能地在不经意间开始了我的抵抗。

斯———— 是什么原因，然后您决定去研究帕斯科利的诗？

帕———— 我选择了帕斯科利[10]，因为当时他是我最感兴趣的一位诗人，并且非常贴近弗留里农民的世界。帕斯科利字斟句酌地营造了他诗中的孩子、鸟和所有那些魔术般高度虚构的世界，但这种虚构是真诚的——所有这些都非常贴近我的口味。此外，当您没有做一位更加称职的现代诗人时，这是一种减少罪恶的选择。我不能说我对帕斯科利非常有兴趣，但我对一切都有兴趣。而且，帕斯科利基本上是站在蒙塔莱[11]的先驱者一边，而"黄昏派"的微明诗[12]站在另一边：后者是意大利文学一个次要的分支。五六年前，帕斯科利的妹妹出版了一部关于帕斯科利的传记，描述了他这样一个道德上和心理上畸形的人，却在意大利诗坛充当了这样一个重要角色。

斯———— 回到马克思主义这个问题上。如您所言，您似乎是经由支持共产党才接触到马克思主义的，而不是从相反的方向。或许对一个知识分子而言，这有些奇怪。这是怎么发生的？您的确参加了意大利共产党吗？简言之，大概是在何时，以何种形式，您将马克思主义作为一种科学来研究的呢？

帕 ——— 先支持共产主义，然后支持马克思主义，您这种说法有部分是正确的，但应该是说我先支持共产党人然后支持马克思主义。您必须记住意大利在西欧仍然占有相当不寻常的地位。在主要的工业化国家如法国、英国，农民的世界已全然消失了（在那里，您提到农民这字眼时，并不具有传统的意味），但他们仍残存在意大利，虽然在近年来已有些衰落。但在战后初期，意大利的农民仍然和前一两个世纪一样地生活着。我的母亲总是点着蜡烛上床。我和农民的关系是很直接的，大多数的意大利人也是如此——我们之中的大多数，都有个地地道道的、务农的祖父。而在弗留里的共产党人都是农夫，这点是很重要的。如果他们是都市的工人阶级，那么我将会抗拒：对我而言，这是过于强烈的阶级因素。但我不会抗拒务农的共产党人，他们在苏俄、古巴、阿尔及利亚以一种前阶级的方式发动了革命（对共产党人而言，这是极不正统的），这也许就是为何在第三世界的农民和此地的学生之间，有一种奇妙而暧昧的共生，同时也确实存在一种诗意。重点还在于：一旦我对农民共产党人的支持确立了，其他也就容易多了。我逐渐开始阅读一些原文资料而成为马克思主义者。但您应该知道，在意大利每一个人都是马克思主义者，正如每一个意大利人都是天主教徒一样。一个聪明的神甫总是会用马克思主义的术语来分析社会，连教皇也不例外，我在电影《大鸟与小鸟》中引用保罗六世的格言，但每一个人都认为那是马克思的格言。马克思主义是意大利文化的一部分。在1947 年到 1968 年间，我加入共产党——但党证遗失后，我就懒得再换新证了。

斯 ——— 您曾经说过[13]，在意大利文化圈内，当相关著作被理工大学首次出版时，人们对马克思主义的批评曾抱有一些希望，然后是斯大林主义的到来，以及对（匈牙利）乔治·卢卡奇（Georg Lukacs）和其他非正统的马克思主义的作家的介绍，催发了希望的复苏期。您与理工大学是什么关系？同时您是如何去描绘斯大林主义的？——尽管您的评论声音没有日期，它直接出自战后时期吗？

帕 ——— 我与理工大学没有任何关系，因为我当时在卡萨尔萨，然而理工大学位于米兰的干枯之地佛罗伦萨死水之外：我在此逗留仅仅只是把它作为一种间接经验。

那是老生常谈，在意大利，人们一度对共产主义抱有巨大希望，大家都谈它，但有些令人困窘地重复它。然而，斯大林主义在意大利有一种特殊的性质：这从陶里亚蒂①的政策是不能辨别的。我不想去指责陶里亚蒂等人参与斯大林的罪行——对此我暂且不下结论：这属于历史学家的问题——我唯一的希望是这将由马克思主义史学家处理它，假如要说什么那将由他们去说。但斯大林主义在意大利采取了陶里亚蒂战术的、外交手腕的、独裁的和家长式的政策模式。意大利共产党领导总以家长式的态度去对待普通士兵，从不会去涉及问题的实质，

---

① 帕尔米罗·陶里亚蒂（Palmiro Togliatti），意大利共产党领导人、政治学家，著有《陶里亚蒂论葛兰西》《意大利共产党》等专著。

（像按照契约）去周旋和牢牢控制政治上的敌人。我总是反对陶里亚蒂的政策。我知道斯大林没什么：我本能地认为，我明白了反对他的正义一方的实质是什么，或者诽谤他的另一方的实质又是什么，因此，我的反斯大林主义有点儿奇怪——它来自于我对陶里亚蒂的共产主义党派政策的批评态度。

斯 ——— 您能否谈谈葛兰西①主义，特别是您曾被"指控为"[14]葛兰西主义者？您在什么时候开始读他的书，他对您有重要的影响吗？

帕 ——— 刚才我所提到早期有关马克思主义著作的阅读，其中比马克思更为重要的，便是葛兰西。因为初次阅读马克思主义著作时，自然是很艰难的。此外，还有多种原因，例如，马克思和我的距离更为遥远。然而，葛兰西的观念则和我的十分吻合，很快地征服我，在我思想的形成过程中，他扮演了极为重要的角色。我初次读他的书是在 1948 年到 1949 年之间。

斯 ——— 您认为可以称葛兰西是一个人民党员吗？您对此有什么看法？

帕 ——— 不，我不认为您能这样做。虽然我不喜欢首先对"人民党员"（民粹主义）用任意一个带有诬蔑意思的词汇。这是

---

① 安东尼奥·葛兰西（Antonio Gramsci, 1891—1937）意大利人，20 世纪杰出的马克思主义思想家之一。帕索里尼的创作和意识形态政治观念直接受葛兰西的影响。

马克思主义道德家（把"人道主义者"这个词放在一起）使用的，用来谴责其他派别的马克思主义者，我根本不同意这样做。因为我把人民主义和人道主义当作两个确切的历史事实：一方面，所有马克思主义的知识分子都具有资产阶级背景；另一方面，作为其结果，这种动力的推动促使马克思主义者可能只是人民党员或人道主义者的自然产物，因此这个因素催生了所有资产阶级马克思主义者，包括葛兰西。但我不认为这是一个消极因素，这是一种简单的转换模式，把一个出身资产阶级的人塑造成其他社会阶层思想体系下的具有不同意识形态的人。

斯 —— 您曾在别处说过[15]：除了意大利重要的大都市外，这个国家其余的地方已自成一个巨大的领域，到处弥漫着"反改革"的天主教教义。而您似乎将大部分希望寄托于这片对反改革最为臣服的领域——意大利的乡间。为何会有这种似是而非的结论？

帕 —— 我对这个问题有些吃惊。因为我不记得说过这样的话，我对反改革和天主教义的意大利是充满期望的。换言之，如果我说过这样的话，一定是带着揶揄的意思。但我接受我曾说过这种话的事实，因为您已提出这件事，我想我之所以说过这种话，是因为如下的原因：在北欧的新教运动是资产阶级的第一次革命。路德是资产阶级第一个伟大的英雄。但是在北欧，新教是新资产阶级的宗教，在意大利，资产阶级的第一次革命从未发生过。意大利的资产阶级是应运而诞生的，确切地说，是被动地，经由模仿欧洲的资产阶级才诞生的，但也没有接踵而至的第二次的解放革命。所以资产阶级的形成应在各方面和国家的传统有着矛盾——资产阶级必须是新教徒和自由主义者，但在意大利，它是在反改革的世界，在农民的世界浮现出来的。所以此处有着深远的矛盾。事实上，意大利的资产阶级是很奇怪的，它同时是世俗的又是天主教的、自由的和反改革的，也就是说，它什么都不是。"对政治漠不关心"[16]是这些矛盾的结果，根本上与人道主义的退化聚集一起，这是它的主要成分。

历史上此刻，各地的农民已经觉醒。发动革命的正是农民，他们已成为当代历史最伟大事件的主角——第三世界的出现。意大利的农民也成为革命者。最奇特的是，意大利的新左派是在农村地区、天主教气氛最浓郁的区域中出现的。唐·米拉尼[17]是新左派最为明显的例子，和中国"文化大革命"相似。唐·米拉尼来自丛林深处，来自亚平宁山脉。所以，如果以前我未曾说过，那么我现在要说：的确，今日左翼的诱因是来自意大利农民反改革的世界。

斯 ——— 所以您的政治观应当是乐观的？

帕 ——— 我对少数来自偏僻地区的农民天主教徒是乐观的，他们制造了一些令人愉悦的惊喜，像是唐·米拉尼。但客观地看来，北方对南方进行殖民，将农民转化为小资产阶级，使他们成为消费者。整个意大利正走向消费文明，正转变成一个可怕的小资产阶级的世界。所以，我的乐观的灵光，被埋藏在深深的悲观中。

斯 ——— 但毫无疑问的是资产阶级并没有要强制意大利,使自己成为霸权的阶级,正如您所言,这种无效的举动,不是正好开放了更广的空间予以更有效的争论吗?我仍然不明白您对意大利不同的阶级所持的政治态度?这点是很重要的,因为您的著作和电影中有着强烈的阶级内容。对于意大利的阶级,您的政治社会学是什么?

帕 ——— 尤其对我而言,这是一个重要的问题。当我谈到弗留里的雇农,以及谈到我属于典型的意大利小资产阶级时,已经部分回答了这个问题。就社会地位而言,我的地位不是很典型的,甚至是难以定义的。有一种感情的因素,也许是来自我童年时和父亲的冲突以及整个资产阶级的环境。我对资产阶级的憎恨是无法检验或论证的。这憎恨就是明确地存在着。但它不是道德家的谴责,它是整体的和不可缓和的,是基于激情而非道德主义的。道德主义是部分意大利左派的典型通病,它将典型的、资产阶级的道德态度灌输给马克思主义者,或者干脆就是共产主义者的意识形态。

　　至于其他的普通阶级——劳动阶级,我和他们的关系是难以理解的。起初是浪漫的、人民主义的和人道主义的。当您出生在资产阶级的环境中,您会认为整个世界和您生长的环境是一样的。直到我看见了另一种世界,原来的这种看法也就面临了危机。当我理解了弗留里农民的存在,知道他们的心理、教育、精神、灵魂以及他们的性欲都截然不同时,我的世界便崩溃了。我不但不再爱资产阶级的精英，而且憎恨资产阶级。一种新的感觉涌现了，一种从外界获得的感觉，经由这种方式，我对劳动者，特别是对农民的钟情，得以成为可信的和有效的真爱。

　　我从未有机会结识工人阶级，因为我儿时居住在城镇，只认识学校里接触的孩子们，而他们都来自资产阶级家庭。随后我在卡萨尔萨遇见了农民，而非工人阶级。我直接从那里来到罗马，那不是一个工人阶级的城市。18年前当我第一次来这里时根本没有工业，而现在蒂布尔蒂纳大街有了一些零星的小工厂。但罗马基本上是一个官僚化、行政化的旅游城市，几乎是殖民地。我在这里与罗马游民无产阶级的接触是一种极端创伤的和非常重要的社会学经历。因为我第一次让自己置身于一个完全不同的社会世界，迫使我客观地对待它，尽管弗留里的雇农比我在经济上和智力上更为贫穷，我必须用马克思主义来诊断它。他们基本上仍然属于和我同样的世界，因为小资产阶级的根在老乡中。我和弗留里的雇农几乎是一对孪生兄弟，我的母亲和弗留里雇农之间没有隔阂。但我与游民无产阶级面对的是完全不同的世界。一方面我受到了精神上的创伤，就像英国的强权使意大利受到创伤一样，因为它是完全意想不到的事，同时，在另一方面，它迫使我进入一个客观的判断。因此，这是我最初使用方言的主观原因，作为一种纯粹的诗语言，相反，当我来到罗马时开始以一种客观方式使用罗马游民无产阶级的方言，把我面对的世界做了尽可能确切的描述。

斯 —— 在您的职业生涯中，这只是许多文学改编作品中的一种。您曾经说："文学的训练危害作为一个作家的全部存在。"[18] 您的意思是什么？

帕 —— 您喜欢《复仇三女神》之一，您提醒了我已经忘却的事。我认为我的意思很简单，您读的第一首诗是难以忘怀的。我仍然对《麦克白》和陀思妥耶夫斯基的《白痴》充满情感，像兰波一样，他们在我的生命中是一个重要因素。我更多地意指某种文化，意指存在于文化之中的有价值的东西。文化时常能产生如此强烈的情感，它们像通过人的天性而产生的情感。然后，这些感情形成一个人的心理定式，一旦形成这种定式后很难改变：它或许会演变，但某些有价值的东西根本上会被残留凝固住。我认为那种东西意味着我的全部。

斯 —— 关于您的诗作，有两位评论家发表了显然对立的评判：弗朗哥·福尔蒂尼曾说："借助现代诗的表现手法的全部力量，表达出视为理所当然的意识形态内容"，[19] 阿尔贝托·阿瑟·罗莎却说"您的方式是一种新的意识形态加上传统的形式"[20]。您认为他们为什么会有这种相反的观点？

帕 —— 两种说法似乎都错了……或都对了，都是有道理的。我并不是个意识形态的发明者，我不是、也不希望是个思想家。有时，在意识形态的语境中，我会有一种直觉，因此有时会很在行地超前预知意识形态的变化。在风格上，我是个"模仿者"，我使用风格最为异类的素材：方言诗、颓废诗，有时尝试社会主义诗作。在我的作品中总有着风格的混淆。我没有发明全然属于我的风格，但是我的风格仍然可以被辨识出来。如果您阅读我的作品，就很容易辨认出来。我不是以某种风格的发明而被认识的：我是以不同风格进行交织和混合的张力而被确认的。这两种说法都不对，因为这只包含了暴力和张力——只涉及了形式、风格和意识形态。该顾及的，我以为是感知事物的深度和投掷于事物的激情，而非内容和形式的新奇。

斯——— 您所谓的"混淆"[21]和意大利语的特殊问题似乎有些相关。可否告诉我，从诗变换为小说，然后又转换为电影的变体过程中，您对意大利语作为一种媒介的看法如何？

帕——— 第一，您可以看到在电影和其他形式中我的逼真模仿（是经由激情，而不是经由机械地模仿），如果您看过我的电影当中的一段，您可以从它的风格中认出它是我的作品。并不像是戈达尔或卓别林，他们全然是创造了自己的风格。我的作品是从不同的风格中产生的。您总可以发现在我的作品里面表达了对德莱叶、沟口健二、卓别林和部分的雅克·塔蒂以及其他人的爱意。基本上，从文学转移到电影，我的本质未变。

我对意大利语和电影之间关系的看法，已在相关的文章中表达得很清楚了。非常简单地说，起初，我认为从文学转移到电影，只是技巧的改变，因为我时常改变技巧。逐渐地，愈来愈深入电影之后，我才了解到电影不仅是文学的另一类技巧，它更有着自身的语言。我的第一个想法是，直觉地放弃了写小说，然后又放弃了写诗，是对意大利和意大利社会的抗议。我已多次提到我想改变国籍，放弃意大利语而采用另一种语言的想法。随后，我又想，电影的语言并不是一种国家的语言，我宁可将它定义为超越国家（并不是国际的，这字眼并不明确）、超越阶级的，亦即，不论是劳动者或是资产阶级，不论是加纳人或是美国人，当他们使用电影的语言时，他们使用的是共同的符号系统。所以，起初我认为我这种想法只是对社会的抗议。逐渐地，我才了解到事情是更为复杂的——是激情选用了热爱文学、热爱生命的形式，而对文学的热爱逐渐消退之后，真面目于是呈现——对生命的激情，对现实的激情。肉体的、性的、客观的、一切围绕着我而存在的现实。这是我最初的也是仅有的伟大的爱。电影以某种方式促使我转向，也只能表达我对现实的这种爱。

怎么会这样呢？以一种符号系统的方式来研究电影，我有着如下的结论：电影并不是约定俗成的象征语言，也不像是书写的或口语的言语，它不经由象征而是经由现实来表达现实。如果我要表达您，那是经由您自己而表达您，如果我要表达树，那是经由树而表达树。电影是经由现实而表达现实的语言。那么问题在于，电影和现实有什么分别？其实没有分别，我意识到，电影是一组符号系统，它的语义学和现实符号系统的语义学互相对应。所以，电影促使我停留在现实的层次，停留在现实之内：当我拍电影时，我总是置身于现实中，就像置身于树林或是像您一样的人群中。现实与文学之间的不同在于，前者没有象征的或是约定俗成的套路。所以，事实上是电影将我对现实的热爱爆发出来。

斯 —— 我想回头来问，您是怎么开始拍电影的，您曾说过，当您还是一个小孩时，您就想拍电影了，随后又放弃了这个念头。您看的第一部电影是什么？它给您很深的印象吗？

帕 —— 遗憾的是，我忘了我看的第一部电影是什么，因为当时我太年轻了，但我可以告诉您我和电影的初次经验，就我记忆所及，当时我是五岁——有些怪异，当然也有些性欲——性的成分在内。我记得我看过一张电影海报，画的是老虎将一个男人撕成碎片。显然，老虎是在人的上头，但因为某种莫名的理由，在小孩的想象中，老虎已吞下那个人的半截，另外的半截突出于它的下颚。我非常想看那部影片，当然，我的父母不会答应，直到现在，我还觉得遗憾。老虎吃人的影像，吃人肉的影像，甚至是一种虐待与被虐待的影像，这是我印象颇深的第一件事——虽然当时我也看了其他的电影，但我都不记得了。

当我七八岁时，我住在萨奇莱，常常到一些神甫所经营的电影院看电影，在那里所看的默片，至今我还记得一些，我记得从默片到有声电影的过渡时期——我看的第一部有声电影是战争片。

这些都是我观影的前史。当我在博洛尼亚时，参加了一个电影俱乐部，看了一些经典之作——克莱尔、让·雷诺阿早期的作品，卓别林作品的一部分，以及其他人的作品。我对电影的巨大爱好是从那时开始的，我还记得参加了法西斯青年大学的地方性比赛，写了一篇狂野的作品，全然野蛮和官能的。然后是战争来临了，中断了所有的事情。战后是新现实主义的来临，我还记得专程从卡萨沙到乌迪内去看《偷自行车的人》，还有《罗马，不设防的城市》，我是在弗留里看的，那是一种创伤、震惊，至今回想起来仍然不能自已。但是这些电影对我而言，只是遥远的文化产品，因为当时我还住在乡下，它和订购的书籍与评论一样都来自远方。然后，我来到罗马，全然没有想到要上电影院，当我写了第一部小说《孩子们的生活》后，有些导演要求我替他们写剧本。马里奥·索尔达蒂先来找我，索菲亚·罗兰早期主演的电影《河边的女人》（ *La Donna del Fiume* ）是我和乔治·巴萨尼①合写的剧本。接着是和费里尼合作的《卡比利亚之夜》（ *Le Notti di Cabiria* ），还有其他的许多人，如此拍电影的欲望又出现了。

斯 ——— 您和合作过的导演之间的共通性似乎很少，譬如，博罗尼尼和费里尼的共通性也很少。和您最相似的是罗西里尼，但您从未和他共过事，为什么会这样？

帕 ——— 纯粹是现实因素。当我来到罗马时，身无分文。我没有职业，在极端的贫困中，度过了一年——譬如，有段时间甚至没钱上理发店。所以，我是处于最悲惨的贫困中。后来，我开始在钱皮诺教书，然后迁往罗马外围的贫民区庞特·马莫罗。我必须长途跋涉，每月才能挣得 27 000 里拉（折合 16 英镑）。当第一本小说问世后，我得到一些版权费，

---

① 乔治·巴萨尼（Giorgio Bassani，1916—2000），编剧，他与帕索里尼一起写了许多电影剧本，其中包括《一千零一夜》。他还在《软奶酪》中为奥逊·威尔斯配音。

但我仍然急需一份工作，于是就成为剧作者。显然，我是无法选择共事的对象的，那是另一种天真。但幸运的是，我总有好同事。虽然这是临时的工作，但我觉得有些剧本（如《卡比利亚之夜》）是我所写过的最好的文学作品。我把这些剧本收集在《有着蓝眼睛的翅膀》（*Ali Dagli Occhi Azzurri*）中。

斯 ——— 在《卡比利亚之夜》中您写的是哪部分？

帕 ——— 我写了所有底层人生活的部分。费里尼认为我了解《孩子们的生活》世界中的那些人物，的确如此，因为我原来在庞特·马莫罗住过，那儿有许多皮条客、小偷、妓女和老鸨。所有的情境设计与"卡比利亚"和其他妓女都有关系，特别是《神圣的爱》（*Divine Love*）中的那些有关段落全是我设计的——在《有着蓝眼睛的翅膀》中，由我完成了所有的故事，我的主要贡献是写对话，拍成影片后有一部分损失，因为费里尼对方言的运用与我的构思存在很大差异。基本上，对话的草案初稿和至少一半情节是我写的。

斯 ——— 您能与巴萨尼共事十分幸运，你们是如何遇见的？

帕 ——— 我们是非常要好的朋友，并有过很多次合作。我第一次遇见他时，他在主编《黑房子》[①]文学杂志。我去参观他的业务，从此我们成了长期的好朋友。我为他写评论，并且

[①] "黑房子"，为街道的名称，即黑色商店之意，意大利共产党的办公室就设立在此街道上。这里是指由乔治·巴萨尼主编的罗马文学杂志。

我们两人在文艺品味上比较一致。

斯 ——— 这期间您除了替其他的导演写剧本之外，并没有人要求您与他合作。您拍电影时是自己全部作品的作者，那么对于其他导演处理您的剧本的方式，您感到失望吗？

帕 ——— 不，一个导演有权决定这些改动。撇开我想拍电影的欲望不谈，就算是把我脑海中的想象转变为对特定环境、特定面孔、特定姿势的描绘时，也是有道鸿沟要予以弥补——除非是我长久渴望要拍的影片。至于我自己的影片，我从来不认为拍电影是团队的工作，我总认为电影是作者的作品，不仅是剧本、导演，还包括场景、角色，甚至服装，我选择、决定每一件事物——音乐更不必提了，我有一些合作者，譬如达尼洛·多纳蒂，还有我的服装设计师，我有个意念，但不知道如何变为实物，所以这些全由他完成，他具有极高的品味和热诚，做得好极了。

《乞丐》

斯 ——— 《乞丐》(*Accattone*)是不是构思了很久才拍成电影?开始创作时就定位为一部电影吗?

帕 ——— 我想说,拍电影的想法和构思《乞丐》是同时有的。在此之前我已经写了一个剧本《干瘦的教母》(*La commare secca*),可它中途受阻,所以我就用《乞丐》代替了。在我看来,《乞丐》更好一些。

斯 ——— 您说的"中途受阻"是什么意思呢?资金后备不足吗?

帕 ——— 是的。本来要拍《干瘦的教母》,后来我改变了主意,开始写《乞丐》,然后《乞丐》也遇上了麻烦(关于这一点我在《乞丐》一书的序言中提到过)。但我当时觉得拍《干瘦的教母》的话可能也会遇到同样的问题,所以就决定不拍《干瘦的教母》,还是拍《乞丐》。

帕 ——— 以前您谈到从写作转而拍电影时,曾说过唯一的大变化是，拍电影不用隐喻[22]。您现在还觉得这是最大的问题吗？

哦，我是不经意间那么说的。我以前对电影了解并不多，而且很长时间之后才开始查阅电影方面的资料。所以我当时只是随口说的，可我的直觉还挺可靠。因为后来雅各布森，还有巴特都说电影是一门转喻艺术，而不是隐喻艺术。隐喻本质上是语言学层面的，是文学上的修辞手法，它很难嫁接到电影里，除非在少数很特殊的情况——比如，如果要表现幸福，我可能会用鸟儿在蓝天飞翔这样的画面。这里需要指出的是，我并不是说我感觉到了拍电影没法用隐喻的困难，实际上我很高兴可以不用隐喻，就像我之前说过的，电影是用现实表现现实，它是转喻性的，而非隐喻性的。现实并不需要用隐喻来表现。如果我要表现您的个性，我会通过您本身来表现，而不能借助隐喻来表现您。在电影中，就好像是现实借助自身来自我表现，而不用隐喻，不用任何淡而无味、因循守旧、具有象征性的事物。

斯 —— 这一点可以从您对待佛朗哥·奇蒂的方式上看出来。那是您导演的第一部电影。当时是怎么找到他的？

帕 —— 佛朗哥·奇蒂是我在罗马的老朋友塞尔焦·奇蒂的弟弟。我1950年来到这里，大约一年后认识了塞尔焦·奇蒂，我们成了很好的朋友。在我所有的小说写作中，他都给了我很大的帮助，可以说是我的活字典。我通常会在家里记下笔记，然后仔细看一遍，拿到他那儿让他帮我看看里面的笑话，校对罗马当地方言的写法，他对这些很在行。我认识佛朗哥好多年了，从他小时候起就认识他。当初为《乞丐》选演员时，第一个就想到他来出演这个角色。

斯　——　您曾经说过，《乞丐》是在坦布罗尼政府[23]执政期间拍的，这影响了影片的结局。您这样说有什么言外之意？

帕　——　坦布罗尼政府没有影响到这部电影。我对坦布罗尼一无所知，也并不关心，他跟我完全不相干，也不会对我有丝毫的影响。我想说的是，《乞丐》这部电影是在意大利一个特定的文化背景下产生的，即新现实主义终结的时候。新现实主义在这部电影中表现在抵抗法西斯，重新寻找意大利，期望建立一个新社会。这种状况一直持续到20世纪50年代后期。之后，新现实主义终结了，因为意大利局势变动：政府再次巩固了小资产阶级和牧师的主导地位。所以我才说《乞丐》是因为外部的文化背景创作而成的，当然还有我的因素在里面。我说的文化背景不仅仅是指坦布罗尼的短期执政，还有整个官僚主义和伪善作风的重建。意大利资产阶级就这样结束了一个文化阶段，即新现实主义时代。

斯　——　在这部影片中您对奇蒂的声音加以处理了，是吧？

帕　——　是，我选择了给他配音。这是我犯的一个错误，因为那时我有点儿不自信。后来我采用了他的原声，结果证明他很优秀——以至于我以后还让他为其他罗马演员配音。可以说，那是一个理论上的错误。在《乞丐》中为奇蒂配音的是保罗·费拉罗，他也非常优秀。我觉得他在配音时为那个角色添加了一些东西，丰富了人物形象。这有些改变了角色本身，却使它更神秘。我不赞成同步录音。不久前，《电影评论》在阿马尔菲组织了一次学术研讨会，会议大力提倡同步录音。我因为不知情也签了名，但实际上我是不赞成同步录音的，因为我觉得配音可以使人物形象更为丰满，这是我的品位，比较喜欢那种拼凑感，因为它把角色提升到了自然主义之外。我很信奉现实，赞同现实主义，但我不能容忍自然主义。

斯 ——— 也就是说您不仅赞同配音，而且还喜欢您的演员由其他人来配音？

帕 ——— 可惜在意大利很难做到这一点，因为配音演员的问题。但意大利的配音演员没有法国的那么差，法国的实在是太糟糕了，其实他们都挺因循守旧。我常常会把两个非职业配音演员的配音作品结合起来看，因为我相信角色具有多重性。我喜欢去充实角色。很关键的一点是，我敬仰、热爱现实，但不赞同自然主义。

斯 ——— 演员需要借助很多因素来凸显身份特征，其中声音可能是非常关键的。没有了声音，罗伯特·米彻姆或约翰·韦恩可能就不存在了。

帕 ——— 说得对，但我对演员本身不感兴趣，只有演员要出演角色的时候我才对他们感兴趣。比如我的电影中从不用临时演员，因为他们只是来做辛苦而乏味的工作的人。这些人生活在电影城，周围常常有妓女出入，他们的面孔因生活的折磨而变得残酷无情。拍《马太福音》的时候，临时演员是我从拍摄地附近的农民里一个一个亲自挑选的。而拍《软奶酪》时，角色是临时演员，我也就用了临时演员。一个演员只有扮演角色时，我才对他感兴趣，我不会对他演员的身份感兴趣。对于您所说的演员可能要靠自己的声音表现身份特征，我毫无兴趣。

斯 ——— 您的电影被引介国外时发生了一些变化，对此您是否介意？比如，在《马太福音》中，西班牙版本对耶稣的配音方式就完全改变了这个角色。意大利版本里耶稣的声音本来是非常地道的，但是引介国外的配音译制片无一保留了这一点。

帕 ——— 在西班牙发生这样的事不足为奇，比这更惨不忍睹的还有很多。在一个仍然使用绞刑的国家，我早就想到配音不会理想。我只想说，我看不起负责诸如此类事件的人。在西班牙的配音有一部分是我亲自组织的，当我赶到时已经配了一半了而且很糟糕，所以我只能尽力去修复另一半。在英、美这样的文明国家，通常会配上有对白的字幕，我很欣赏这种做法。

斯 ——— 您曾说新现实主义体现了对法西斯的抵抗。对此能具体阐述一下吗？我刚看完罗西里尼在法西斯主义横行时期拍的两部电影，《白船》(*La Nave Bianca*) 和《背负十字架的人》(*L'Uomo della Croce*)。从风格上来讲，这跟他在所谓"新现实主义阶段"拍的电影几乎完全一样。您看过这两部电影吗，是否觉得罗西里尼的风格在法西斯时期和二战后有什么不同？

帕——— 我确实说过新现实主义是抵抗运动的产物，而且现在也这样认为。但我必须补充一点，新现实主义仍然从历史中继承了很多东西。我常批判新现实主义，比如，曾在《工作坊》中批判过。我记得自己说过，新现实主义知识力量不足，不能超越以往时代的文化，而且更重要的是它奉行自然主义。自然主义盛行于19世纪的意大利，比如，当时的维尔加。此外，新现实主义属"黄昏派"，这是意大利诗歌的特征之一，代表诗人是加扎诺。我不知道英国是否有类似的潮流，在法国有像拉弗格这样的诗人，颇显颓废。我还批判新现实主义仍具主观色彩，偏好抒情手法，这是抵抗运动之前的文化阶段的又一特征。所以，就内容而言，新现实主义是抵抗运动的文化产物；而就风格而言，它仍依附于抵抗运动之前的文化。基本上说，新现实主义的混合性很明显。不管怎么说，如果您想一想欧洲抵抗运动的其他产物就会发现，很多诗歌的写作风格都同战前的风格相同，比如，都使用超现实主义。我觉得，这是欧洲的普遍现象。

关于罗西里尼的那两部电影，我没有看过。刚上映的时候没有机会看，现在又不怎么想看。有一部分原因是我太忙，没时间看，但打心底来说，我只是不想看。

斯——— 咱们回到《乞丐》。能不能说一下您挑选的三位导演——德莱叶、沟口健二和卓别林——在这部电影中对您有什么直接影响？

帕 ——— 哦，我不确定他们对我是否有直接影响。在拍片过程中有没有想到他们三位，我记不清楚了，我当时想到会对我有所帮助的人主要是马萨乔。电影拍完后，出于自己的主观感受，我又找到了他们——我的剧外参考资源。我为什么要选他们呢？因为他们都有独特的导演风格，都是能胜任鸿篇巨制、英雄史诗的大导演。我这里所说的史诗不是指布莱希特的史诗剧，而是更具神话色彩的，更为自然，符合故事的发展、人物的性格，没有布莱希特式的间离手法。这种特性在三位导演身上都有，他们看问题的角度都是核心的、必要的，而且从某种意义上讲，有点神圣，令人敬仰。

斯 ——— 有没有想过拍一部反映新教与天主教文化对比的宗教电影？有些法国的影评家，尤其是莱昂阿特，就写过此类评论，关于德莱叶与新教方面的。

帕 ——— 我没有专门研究过这方面的问题，因为在意大利也不会有此类问题。天主教与新教在意大利没有客观关系，这是一个纯粹抽象的问题。这类问题可能会发生在英国或比利时，甚至法国，但在意大利连想都不用想。

斯 ——— 您在一次接受采访中[24]谈到从《乞丐》到《罗马妈妈》的转变，说《罗马妈妈》中安娜·玛尼亚妮扮演的角色有小资产阶级观念，而《乞丐》中的人物甚至没有意识到小资产阶级观念与道德标准的存在。可是在我看来，阿卡托纳最后梦见自己的死，就是沿着小资产阶级这条主线构思的，至少符合小资产阶级的宗教观念。

帕 ——— 您这样说让我很吃惊，我自己从未这样想过。我觉得阿卡托纳的梦，体现了我之前谈到的神话色彩，绝不是典型的小资产阶级特征。或许您指的是灵魂救赎，但这也不是资产阶级的问题，因为资产阶级没有先验的宗教，只有口头上的先验主义，而且也只是教义上的、礼拜式的，并不真实。资产阶级用纯粹世俗的社会化的道德良心，替代了先验的灵魂救赎问题。阿卡托纳离开大千世界的超自然的幻想，既神秘也颇受欢迎，但并非小资产阶级，而有前资产阶级色彩。我谈到的《罗马妈妈》中的小资产阶级观念都是些生活的琐事，比如，成家立业、着装打扮、周日去做弥撒，《乞丐》中没有任何此类小资产阶级行为。《乞丐》中的天主教仍具备前资产阶级、前工业时代以及神话色彩，这是当时人们的特质。事实上，不知，您有没有注意到，影片结尾胸前合十那个动作不对。他们没有先碰左肩再碰右肩，而是反过来了，就像参加葬礼的小孩常犯的错误。他们做出的这个动作连基督教标记都算不上，只能说是含糊的宗教，而不是正统的天主教，更不能说有资产阶级色彩。

《罗马妈妈》

斯 ——— 接下来我想跟您聊聊《罗马妈妈》。安娜·玛尼亚妮饰演的角色有种内在的冲突:她有小资产阶级观念,但事实上又无法实现——徒劳的小资产阶级道德观念。我想知道,您为什么选择职业演员安娜·玛尼亚妮来饰演这个角色?

帕 ——— 我常常为自己能选对演员而自豪,尤其满意为《马太福音》选的演员。我觉得自己向来都能找到合适的演员,唯一犯的一次错误就是选了安娜·玛尼亚妮,但不是错在她是职业演员。如果让安娜·玛尼亚妮演一个真正的小资产阶级,她可能会表演得很好。问题是我没让她那样演,而是演了梦想成为小资产阶级的人,但安娜·玛尼亚妮本人不是那样的人。我选演员看人,不看他们要演的角色,可惜当时没有认清这个角色的本质。所以安娜·玛尼亚妮虽然不断努力按我的要求做,结果还是没能把这个形象演绎出来。我想描写有小资产阶级意识的游民无产阶级生活的迷茫与矛盾,结果没有刻画好，因为安娜·玛尼亚妮生在小资产阶级家庭，过着小资产阶级的生活，不具备出演这个角色需要的特征。

斯 ——— 您是怎么找到演员埃托雷·加罗法洛的？

帕 ——— 这说来有点巧合。我认识埃托雷·加罗法洛的哥哥，他住在罗马南部的特拉斯泰维勒。有一次我去那儿的一家餐馆吃饭，看到埃托雷·加罗法洛在那里做服务生。后来我在电影中也用了他当时的形象，端着一碗水果，像卡拉瓦乔画中的人物。我开始围绕他写剧本，但他当时并不知情。写好后我去找他，问他愿不愿演这个角色。

斯 ——— 最后埃托雷演的那个角色的猝死是发生在罗马的真人实事，是吧？

帕 ——— 对，在我写剧本大概一年前，有个叫马尔切洛·埃利塞伊的年轻人就是那样死的。

斯 ——— 大众对在监狱里那样死去的镜头有没有什么反响？

帕 ——— 有一点反响，但不是很强烈，这样的事情经常在意大利发生。昨天我还看到帕里在报上谴责警察，警察对囚犯的虐待已称不上是新闻。它确实引起了一些反响，但那是在整个电影的背景下，而非单单因为这一个情节。

斯 ——— 您在《有着蓝眼睛的翅膀》上发表的剧本跟电影采用的剧本有些不同，而且有几处差别挺大，这是为什么？

帕 ———《乞丐》的剧本基本是统一的，只有一个情节我没有采用，因为会让影片太长。《大鸟与小鸟》也是这样，有一个情节在剧本中删掉了，可后来拍电影时又用了。《罗马妈妈》则不一样。我是完全按照剧本拍的电影，发表的那个剧本是我拍完电影两三年后又做的改动。因为后来通读这个剧本时，从文学角度来讲，有几个地方我不太喜欢，所以就改了。

斯　——　那些批评《乞丐》中的音乐的评论家们似乎比较容易就接受了《罗马妈妈》的音乐。您知道这是为什么吗？

帕　——　不太确定。我想《乞丐》的音乐之所以让有些人不能接受，是因为它把罗马激烈的游民无产阶级与巴赫音乐混合到了一起。而《罗马妈妈》中人物与音乐的融合则更为自然：梦想成为小资产阶级的普通人听着有意大利情调的维瓦尔第[①]为人谙熟的音乐，这没什么反差，也不让人震惊。

斯　——　有两个情节我不是很明白。一是当佛朗哥·奇蒂告诉埃托雷关于他母亲的过去时，埃托雷不应该是精神上受到很大打击吗？

帕　——　当然会。这件事给了他很大的创伤，因为他并非生活在完全的游民无产阶级的世界里。完全的游民无产阶级世界，没有任何资产阶级特征，有点像集中营。一个男孩要是发现她母亲是妓女，会给她块金表，诱导她发生性关系，这是

[①] 维瓦尔第（Vivaldi, 1677—1741），意大利作曲家、小提琴演奏家，其作品《四季》驰名世界。

游民无产阶级背景下可能发生的情况。而埃托雷受他母亲的教育有一些小资产阶级观念，他上过大学，所以一旦发现母亲是妓女会很痛苦，任何资产阶级的男孩发现母亲的一些不好方面都会如此。他彻底崩溃了，最终走向了死亡。

斯 —— 还有一件事是，布鲁娜似乎不像其他人那样属于游民无产阶级。

帕 —— 您可以把《乞丐》中的斯泰拉与《罗马妈妈》中的布鲁娜做一个比较。斯泰拉完全沉浸在自己贫穷、痛苦与饥饿的游民无产阶级世界，住在名副其实的贫民窟里，而布鲁娜则不一样，当她和埃托雷走过一堆废墟，打算去一个大沟里做爱时，布鲁娜突然指着一幢公寓楼说，"看那边。"显然，那里有电视、录音机以及其他让人梦寐以求的现代化设施。布鲁娜确实属于游民无产阶级，但问题是罗马并没有真正的无产阶级，只有日渐被同化的游民无产阶级，因为那里没有工业。罗马的游民无产阶级正在向着小资产阶级，甚至可能是法西斯或保守派等转变。他们已不再被圈定在贫民窟内，而是通过电视、时尚等接触小资产阶级和统治阶级并受他们的影响。布鲁娜有着游民无产阶级的身份，同时又受到小资产阶级思想的腐蚀。

斯 ——《罗马妈妈》比《乞丐》更强调死亡这个概念。这个话题，您结合反理性谈论了很多。[25]

帕 —— 我觉得，死亡确实决定着生活。我在最近的随笔中也写到了死亡，把它比作蒙太奇。只要我们还活着，生命就失却意义，或者说这种意义是暧昧的、悬而未决的。我必须补充一点，在我看来，死亡只有不受理性的评定与制约才是有意义的。对我来说，死亡是最高程度的史诗与神话。谈到我对于神圣、神话和伟大事迹的偏好，我想说，这些东西只有通过死亡才能完全释放，死亡在我看来是最为雄壮的。当然，这些都只是从纯粹的反理性主义的角度来说的。

斯 ——— 在一次采访中，巴特在《影像与声音》中曾说，电影不应该一览无余，而应制造悬念。您同意这种说法吗？有没有想过这方面的东西？

帕 ——— 这其实是我的观点，我曾几次公开表述过这种观点，说我的电影不会有某种确定性，而总是有一个问题，我总想让某些东西成为悬念。巴特说的这些话，是我常常结合布莱希特谈论的，可以表达我拍电影的理念，体现我的风格与意识形态。

《软奶酪》

斯 ——— 拍《软奶酪》的时候,您是否已经开始想着拍《马太福音》了?

帕 ——— 是的。我在拍《罗马妈妈》的时候写了《软奶酪》的剧本,而拍《软奶酪》之前我就开始考虑《马太福音》了。真正开拍《软奶酪》时,我已经写好《马太福音》的剧本摘要和最初想法。

斯 ——— 集锦片《洗洗脑子或者罗戈巴克》(*Laviaomoci il cervello o Rogopag*)是作为一个整体来创作的吗?您所做的跟罗西里尼或戈达尔做的有关联吗,还是你们单独完成任务?

帕 ——— 遗憾的是,制片人比尼只按照他自己的方式来组织拍摄。我之前想过跟另一位制片人合作,可惜他去世了。我觉得他们搞砸了这部影片,因为顾虑太多,担心它过于暴力。总之,我没能有机会把握这部电影。当比尼问我愿不愿意跟他合作时，摆在我面前的已经是现成的剧本了。他决定把它拍成分段式影片，所以就弄成了这样。我跟罗西里尼或其他人没有任何接触，我只知道他们也在拍分段影片。

斯 ——— 奥逊·威尔斯是您选用的另一职业演员。您是怎么找到他的？谁为他配音的，特别是他诵读您写的一首诗时？

帕 ——— 我在前面说过，我选演员看重他们自身，当初选择威尔斯也是如此，他是导演、学者，跟《软奶酪》的角色有些相似，但他比那个角色要深邃复杂得多。为威尔斯配音的是乔治·巴萨尼。

斯 ——— 假如说您选角色时看重演员自身，是不是意味着同一位演员在不同电影里的表演也应该有连贯性？比如说，在《软奶酪》中饰演记者的那个人，也同样在《罗马妈妈》中受人诈骗。他的作用是不是就是在两部电影中都要受骗？

帕 ——— 一个人究竟是怎样的，是件很神秘深奥的事情。这位演员的神秘之处不在于受骗，虽然很多坦率善心的人常常遭遇这种事情。他真正的内涵在于他的粗野，可以说是天真的粗野，因为他本人并没有认识到这一点。他只是一位穷人，处处都表现出粗俗的一面。我并不觉得他人不好，他只是个粗俗的懦夫，但是也挺无奈。这才是我在两部电影中都用他的原因。

斯 ——— 您似乎认为"随波逐流"（Conformismo，或译成"人云亦云"）是普通人的基本特征。事实上，这是您在《爱情集会》中的原话。记得有一次在博洛尼亚大学演讲时，您让现场的学生来定义"随波逐流"。我想知道您是怎么定义"随波逐流"的？一般人不会认识到自己的那些特性吗？

帕 ——— 可以说是融入社会后的颓废。普通人都会自以为是，希望人人以自己为榜样。他们逐渐败落，不相信激情和诚挚，不相信人们会忏悔会自我批评，因为普通人不应该做这样的事。另一个特点，从相反的层面讲，他们的这种意识并非是阶级意识、政治意识，而是道德意识。

斯 ——— 这是您首次在电影中表现色彩，而且采用了特殊方法，这个过程中有没有遇到什么麻烦？

帕 ——— 没有。使用变焦是世上最容易的事了。我偶然发现了这种方法，觉得可以用它达到某种效果，于是就采用了。我从250米远处来拍特写镜头而没有用一种透镜来拍，结果画面效果我很喜欢，有点类似马萨乔的影像风格。色彩方面也没问题，唯一的困难可能就是选择色彩了，因为现实生活中色彩太丰富。也正因为如此，我才选择了摩洛哥来拍《俄狄浦斯王》，因为那里只有几种主色调——赭色、玫瑰色、棕色、绿色、天蓝色。想拍一部表现色彩的好电影可能要花费一年甚至一年半的时间来为每个形象选择合适的颜色，选择您真正需要的颜色，而不是像通常电影那样罗列二三十种颜色。总体而言，拍《软奶酪》没花多少工夫，我只是完全再现了画家蓬托尔莫和罗索·菲奥伦蒂诺使用的色彩。

斯 ——— 拍这部电影您遇到了不少麻烦是吧？怎么会因此入狱呢？

帕 ——— 按照法西斯的法律我被监禁了四个月。这项法律条文至今有效，因为这里的地方检察官从未被开除过，虽然他们很多人都受到了反法西斯主义法庭的谴责。按照法西斯主义的条文，有一些罪行构成公众诽谤罪，包括反国家、反国旗、反宗教。我经历的那场审判有点像闹剧，我上诉后就撤销了判决。我仍然无法理解他们为什么要审判我，但对我来说那是一个噩梦。我一周周连着遭受诽谤，两三年都生活在常人无法想象的迫害中。可我无法解释为什么会这样，除非这是公众的种族主义。意大利人本不该是种族主义者，我觉得这是个大谎言。意大利的资产阶级至今未成为种族主义者是因为他们没有机会。在利比亚或厄立特里亚，普通的意大利人不是种族主义者是因为从卡拉布里亚到西西里他们都是无产主义者。小资产阶级实际上是种族主义者，只是他们没有机会而已。我从他们对待我的电影的态度上就可看出这一点。公众之所以围攻我是因为某种不可言喻的种族仇恨，它像所有的种族主义一样是反理性的。种族主义者无法接受《软奶酪》和其中所有的游民无产阶级角色。公众的种族主义是我这次审判得以开展的前提。

斯 ———《软奶酪》在意大利被永久禁映吗？

帕 ——— 审判后被禁映了一段时间，拷贝被查收了，后来我做了一些小的删减才得以放映。比如，删掉了一个人大喊"离十字架远点儿"这个镜头，因为他们觉得它反天主教。即便如此，这部电影也不成功。一部电影如果在恰当的时机不能上映，也就注定没戏了。

《爱情集会》和《愤怒》

斯 ——— 我刚看了《爱情集会》。您为什么要拍这种类型的电影？这部电影在意大利票房怎么样？为什么没有在国外发行？

帕 ——— 在意大利一点起色都没有。只是在几个艺术影院上映了，而且结果很糟，所以我觉得没法儿推向国外。而且即使要推向国外，我想翻译也会是个大问题：可能会失去腔调、方言以及笑话方面的特色。配音没法表现出来，而用对白字幕可能又会冷场。不了解意大利的人很可能不会接受这部电影，只会把它看作社会学性质的片子，而不是电影艺术，这样就无法体会影片中的真实感情。观众群可能至少需要是某些专业人士。在意大利就是这样：只有影迷和社会学家才去看。

斯 ——— 这是为什么？是因为莫拉维亚和穆萨蒂在影片中[26]谈论到的原因——恐惧等吗？

帕 ——— 我觉得不是这样，主要的原因其实特别老套，就是因为公众看到他们自身被非常忠实地表现在影片中。意大利人生活的社会以及意识形态只对这个社会之外的人才有意义，里面的人看到的全部都是他们每天生活的再现。

斯 ——— 可是有位军人这样说，"社会逼着我们变成唐璜"，这说明他意识到了社会压力，当然他也是公众的代表。这怎么解释？

帕 ——— 这位军人说的"社会"其实指的是他的家庭圈子以及周围环境，他用"社会"这个词的方式很特殊。如果您说这部电影反映了意大利社会，是因为您以局外人的角度来看的，我就是这样，因为我能把自己从社会中分隔出来。可普通的意大利人对世界没有深刻的理解，没有真正的社会意识，不会明白到底发生了什么事。他只会感觉自己像过日子一样融入了影片中。

斯 ——— 我看这部电影时感触最深的是，您选择谈话的那些人对于自身不能接受的东西，尤其是同性恋，表现出一种很强烈的压抑感。您就是围绕这个线索展开的吗？有没有其他的一些材料您没有采用？

帕 ——— 有一些，但风格类似。西西里的一两个人说话更为真挚也更为暴力，电影中选用的素材都是具有代表性的。从性的角度来讲，普通的意大利人不是特别压抑，事实上他们对待性的态度挺开放。如果您想跟普通百姓谈性，您尽可以去跟他们谈。而另一方面，小资产阶级挺受压抑。其他地方的小资产阶级也都这样，可这种压抑并没给人多大感受，还是挺肤浅的。 意大利的压抑，不像其他没有天主教的资本主义社会那样病态，没有天主教的国家可以说就没有严格意义上的宗教。 意大利没有发生过新教改革，事实上这儿任何宗教改革都没有。 天主教完全排斥了异教，牢牢扎根于普通百姓中，没有给他们带来任何改变。

斯 ——— 在英国有过新教改革，多数暴力也都发生在家庭内部。 意大利当然也有家庭，那里的暴力是一种什么情况呢？

帕 ——— 当然，家庭是保留习俗惯例的巢穴。 您说的英国还有家庭暴力让我很惊讶，因为家庭基本上是前工业时代的机构。 在工业高度发展的社会已经开始不需要家庭这个单位。 在耕地社会，家庭是核心，可现代社会，比如说美国，家庭的意义已经愈来愈不重要。

斯 ——— 最近，毛里齐奥·蓬齐按照您的风格"拍了一部电影"[27]，他选了《爱情集会》的结尾，也就是以诵读您写的那首诗的镜头来表现他的主题。 我想他之所以选择这个镜头是想证明，您的电影的主要特征是蒙太奇。 这点您同意吗？

帕 ——— 这个问题不好回答。 很长一段时间我都觉得我的电影的基本特色是表现摄像机前发生的一切，我就是这样来做的。 有时我又觉得基本特征是蒙太奇，因为一个画面停留多久是非常重要的：停留半分钟有某种意义，停留三分钟又是另一种意义。 所以我很不确定。

我觉得蓬齐的电影拍得不错，电影批评写得也挺好。我觉得他之所以选取《爱情集会》的那个片段，是因为那个片段是表现我的风格的一个比较成功的案例，而且里面的蒙太奇比较关键，但不是非常重要。

斯 ——— 您怎么看待《愤怒》？

帕 ———《愤怒》是一部有些另类的影片，因为它完全选材于纪录片，我自己一个画面都没有拍摄。它主要是新闻影片的节选，所以题材是老一套，而且非常反动。我从 20 世纪 50 年代后期的新闻影片中选取了一些片段，用自己的风格把它们串联起来——主要是关于阿尔及利亚战争、教皇约翰的统治，还有一些描写细节的镜头，比如，意大利战俘从俄罗斯回国。我的意图，可以说是以马克思主义的立场谴责当时社会，以及发生的事情。这部影片怪异的一点是，解说词都写成了韵文形式。我专门为它写了几首诗，是由画家雷纳托·古图索和在《软奶酪》中为奥逊·威尔斯配音的乔治·巴萨尼读的。我负责拍摄的那部分最值得称道的，也是唯一值得保留的是玛丽莲·梦露死的那个情节。

斯 ——— 电影结局不尽如人意，对吧？是因为古阿瑞斯奇也参与了这部电影拍摄吗？[28]

帕 ——— 这件事说起来真没意思。刚开始我觉得效果还不错，可等我拍完之后，制片人突然决定要制造一种商业氛围，他想要从政治层面再添加一个主题。但是，他选的导演古阿瑞斯奇却并不适合这部戏。结果制片人就遇到了一些麻烦。影片也就不成功,因为没有人对政治性这么高的电影感兴趣。

《马太福音》及幕后故事

斯 ——— 您在巴勒斯坦完成《马太福音》选外景地的时候，想过日后要上映它吗？还是最初只把它当作私底下的研讨片？

帕 ——— 为这部影片选外景地其实并非是刻意为之的。事实上我都没参加布景或拍摄之类的工作。那时制片厂派了一位摄影师跟我们一起去中东。我从未对他有过什么交代，因为我没想过用这些素材来拍电影，我只是想记录一些对《马太福音》的拍摄有用的东西。回到罗马后，制片人让我整理一些电影胶片并附加解说词，要给几个经销商和基督教民主党的老板看。剪辑的过程我都没参与，只是吩咐了一个人来做。这个人不是一位合格的编辑，做了几处非常不应该的剪辑。他完成后我只简单看了一遍，拿到配音室临场加上了解说词。总而言之，整个片子都是临时创作的。

斯 —— 您跟唐·安德雷阿的那段对话就是在这时进行的吗？

帕 —— 是的，这些是现场录下的，但是由摄影师决定是否要录制。

斯 ——《软奶酪》事件之后，您同教会代表重新发展关系时一定遇到了一些麻烦吧？

帕 ——《软奶酪》事件之前，我同基督教传道总会的唐·乔瓦尼·罗西先生还有其他人，以及天主教左翼成员关系都不错。教皇约翰二十三世到任后实行改革，我的处境因此好了很多。如果庇护十二世教皇晚去世两三年，我就永远都没办法拍《马太福音》。

斯 —— 关于选外景地，有一件事我不太明白：当时您遇到几个阿拉伯孩子时，说了一句话，大意是"他们不适合这部电影，他们的面孔丝毫不能表明他们沐浴过耶稣的圣光"。这是什么意思？

帕 —— 这有点不好解释，因为它是来自心灵深处的声音。无可否认的是，从历史角度来讲这也是事实。这句话是我的一闪灵光，没有什么创新。其实意大利南部的人同样也是这种情况。他们也没有沐浴过耶稣的圣光，因为他们的道德观里并没有福音一说。从基督教的意义上来讲，那里没有虔信，甚至没有对耶稣的虔诚。即使有虔诚，也不是因为那儿原本就该有虔诚。而相比之下，这种特征在意大利南部的阿拉伯人身上表现得更明显。

斯 ——— 您什么时候才意识到那儿没有可以取用的素材？在电影中，我记得唐·安德雷阿·卡拉罗首先提出这个问题，但是我们凭直觉知道您之前就有这种感觉了。

帕 ——— 我到达特拉维夫是晚上，自然想不出有什么可以利用，只能看到机场和一座城市。我叫了辆车，钻了进去。起初，我想到古代的几个形象，主要是阿拉伯的形象，我想可能会有用。但是后来当以色列集体农场、再造林、现代农业以及轻工业出现在眼前，我马上意识到之前的想法都没用——而此时不过才开车走了几个小时。

斯 ——— 最近您发表了几首写于巴勒斯坦但当时未发表的诗和一篇关于以色列的"六月战争"（June War）的文章，这篇文章多多少少有点攻击《团结报》（*L'Unita*）[29]。从这些作品中很难看出您怎样看待以色列。请问您是怎么想的？

帕 ——— 在《新论点》杂志上发表的诗歌是没有录入《玫瑰色的诗歌集》（*Poesia in Forma di Rosa*）的。在《玫瑰色的诗歌集》中有一个名为"以色列"的专门板块，写以色列给我的印象。这种印象有对立的两面性。从某种意义上来说，我非常不认同以色列，因为它基本上是建立在种族主义以及宗教观念的基础上，并且以救世主自居。它是3000年之前宗教基础上建立的希望之乡，这听起来完全没有根据。我无法接受它国家主义和宗教主义的前提，虽然所有邦国基本都是依此原则建立的。可是在这基础之上建立的国家又引发人极大的同情。比如以色列集体农场，虽然是一个悲伤之地，让人想起集中营以及犹太人受虐狂和排外性的倾向，同时也是一个非常高贵的概念，是我所经历的最为民主、社会最为进步的体验之一。而且，我一向喜欢犹太人，因为他们被人排斥，是种族仇恨的对象，被迫与社会隔离。可他们一旦建立起自己的国家，就不再是特殊群体，不再是少数民族，他们不再被排斥，反倒成了模范。这有些让人失望，我不知道怎样来表现。他们曾经是与众不同的决斗者，是对排斥他们的世界予以反抗的苦难者，而今却成了模范，这让我难以表达。

斯 ——— 我想问问，换片名这样的事是由谁来决定的？因为，您知道，《马太福音》被引进英格兰时就换了名字，而《约翰二十三世》[30] 也是如此。

帕 ——— 这正是我本人所不解的，而且非常苦恼。我不知道该怎么处理这类事件，感到很无助。

斯 ——— 联系到您的成长环境，我觉得您没有扎根于天主教，而只是与它有一种关联，而且主要是一种外在的关联：天主教是意大利的重要组成因素，而并非您的重要组成因素。我这样来看待您拍这部电影的原因说得通吗？

帕 ——— 哦，如果您将《马太福音》看作宣传天主教的作品，我可以理解您为什么提出这样的问题。可我并不这样看待，也许我自己本身也没有意识到。直到一个月前，我才在两三年之后再一次看了这部电影。我觉得这不是一部宣传天主教的电影。这部作品不能让人满意，某些部分气势太猛烈，让人非常忧虑，尤其是耶稣的形象。从表象来看，这部作品有天主教的风格；可在本质上，它比我以往的任何作品都更符合我之前谈到的倾向：我喜欢挖掘事物神圣的、神秘的以及宏伟的一面，即便是最单调、简单、陈腐的事物（《马太福音》）也合我的口味，虽然我不相信耶稣的神性，因为我的世界观是多重性的，没有宗教的表象特征，《马太福音》的目的是为达到神话与叙事史诗的最高境界。此外，整部电影都充斥着我的个人动机，比如，意大利南部那些来自最下层、从事农牧业的小角色都有我的特质。第二遍看这部电影时我才发现这个特征。[31] 而且我还意识到，连耶稣这个角色也有我的痕迹，因为他身上有种强烈的不确定性。

斯 ——— 您是怎样选择耶稣的扮演者的？

帕 ——— 我选人的方式，既凭直觉也包含心理因素。之前我花了一年多时间在各地寻找耶稣的扮演者，而且差不多已经决定起用一位德国的演员。后来有一天，我回到住所，看到这位年轻人恩里奎·艾拉佐奎坐在那里等我。还没等他开口，我马上就说："请问，您能出演我的一部电影吗？"我那时都不知道他是谁，来干什么。他其实是个很认真的人，当场拒绝了我。但是后来我慢慢说服了他。

斯 ——— 我从某个地方看到，说您曾考虑用诗人演耶稣，而且还提到凯鲁亚克和叶夫图申科①两个人，这听起来有些奇怪。

帕 ——— 这只是当时的设想。因为我想把耶稣描绘成一位和平民百姓站在一起的革命家，而要找一位和耶稣比较相似的人，当时觉得唯一可能合适的只有诗人了。然后我查阅了所有诗人的资料，当时吸引我的就是凯鲁亚克和叶夫图申科两位。但是我很快发现我手头有的凯鲁亚克的照片是十多年之前的了，早就没有什么参考价值了。总之，这两位是我当时从很多人中选出、而且考虑过的。

斯 ——— 耶稣十二使徒您是怎么选的呢？您曾在接受采访时说，您选择知识分子，因为他们是唯一具备某些特质的人。

帕 ——— 不是的。我的选择依据是：根据我们掌握的资料，十二使徒是什么样的人，我们就尽量去选择什么样的人。十二使徒中有大概一半人出身贫寒，来自平民。比如彼得是位渔夫，所以饰演他的演员是一位来自罗马的年轻犹太裔工人。还有些人，比如马太，有一些知识背景，所以我就选了一位知识分子来演他。

---

① 俄罗斯著名诗人叶甫根尼·叶夫图申科（Yevgeny Yevtushenko）在电影方面也有作品。1964年他创作了电影剧本《我是古巴》(*I am Cuba*)，该片由苏联著名导演米哈依尔·卡拉托佐夫（Mikheil Kalatozishvili）拍摄完成，堪称苏联电影史上的一部经典作品。1983年，叶夫图申科还独自编导并出演了一部成功的影片《幼儿园》(*Kindergarten*)，此片曾在中国公映。

斯 ——《马太福音》这样一部电影的难处是，它不是一个老故事。在意大利天主教会的大背景下，《马太福音》的拍摄不容易。所以，在这样一种特殊的文化氛围中，拍这样一部电影，自然冒着一定的风险。

帕 —— 是的，的确有风险。可有一点您得记住，在意大利没有人读《马太福音》。我问过我认识的所有人，其中最多只有三四个人读《马太福音》。在意大利拍《马太福音》的风险比在其他任何地方都要小，因为这对意大利人来说将是第一次阅读《马太福音》。换了英国等其他人们已广泛阅读《马太福音》的地方，风险则要大得多。事实上，英国和美国的观众对这部电影的认同与意大利观众就不一样：在意大利，它是完全令人不安，而且具有诽谤性的新鲜事物，没有人会想到耶稣是那个样子，因为没有人读过《马太福音》；而在英国和美国，它只是多多少少强化了人们的意识，而肯定不会被认作有诽谤性。

斯 —— 您曾说过，这个剧本是您见到的唯一有"道德之美"的剧本。[32] 您这样说是什么意思？

帕 —— 这句话也是我的一闪灵光，不太好解释，也有可能是因为我用的辞藻过于华丽。那时有一场文学危机：许多人起初都有某种特定的审美标准，然后又迷失了，因为意大利文化整体陷入了危机。我觉得我当时想说的是，"美"并不能从审美的角度加以辨别，而只能作为道德的一部分。

斯 ——— 您说过，这部电影是您的反理性主义意识削弱时的作品——这很难融入排斥理性主义和反理性主义的意大利文化中。所以，因为文化和宗教方面的原因，您遇到了很多表达方面的难题。

帕 ——— 是的。您对意大利文化阐述得很对。过去几年间就一直存在着一场理性主义和反理性主义间的辩论。所有的战前文化、神秘学等都完全是反理性主义的，它取代了推理论，但仍然是反理性的。

战后迎来了感情主义思潮，转而去探索日常枯燥的生活。与此同时，人们首次开始认真思考理性主义意识形态，而这跟我在50年代中期跟几个朋友合办的《工作坊》不谋而合。《工作坊》以一种相对比较零散的方式，首次对理性主义类型的新现代主义以及意大利文学进行了思辨式的思考。这种理性主义源于马克思主义，但有异端倾向并同共产党分歧很大，有些趋向某种感情主义。比如，当梵蒂冈非常反动，到处都活跃着法西斯分子时，这种理性主义就过于软弱。

斯 ——— 您发现了一些非常好的拍摄地，它们都是在哪儿呢？

帕 ——— 整部电影都是在意大利南部拍的。我在去巴勒斯坦之前就已经这样决定了，去巴勒斯坦勘察只是为了更安心一些。我知道我可以采用类推的方法重建《马太福音》。选择意大利南部使我能够从古代过渡到现代，而不用从考古学或文献学上加以重构。我乘车考察了南部很多地方，把所有的场景都选好了，然后才跟我的助理回去一同做计划。

斯 ——— 比如说，耶路撒冷在哪儿呢？

帕 ——— 那是马特拉的旧址，现在已是一片废墟。伯利恒是阿普里亚的一个小村落，那里的人们几年前仍住在石窟里，就像电影中看到的一样。那里的城堡是散布在阿普里亚和卢卡尼亚的诺曼底式城堡。耶稣和门徒走过的那个沙漠是在卡拉布里亚拍摄的。迦百农①由两个小镇组成：靠近克罗托内的海边小村和离海较远的马萨夫拉。

斯 ——— 根据评论，您尝试通过类推而非重建来创作《马太福音》从整体上说是成功的，可是您忽略掉了一个元素，即当时的政治背景。您认同这样的批评吗？

帕 ——— 我之所以通过类推来拍这部电影，就说明我对确凿的史实不感兴趣。很显然，我略去了客观上讲比较重要的政治和社会因素。当时有两种选择：要么准确复现两千多年前的巴勒斯坦，要么把它描写成接近现状，而我更愿意选择后者。除此之外，还有我多次谈到的我对神话和叙事诗的偏好。

---

① 迦百农是《圣经》中的地名，位于加利利湖西北岸、约旦河西5公里。今已成为废墟。据称耶稣开始传道时，即迁居此地（《新约全书·马太福音》第4章第13—17节）。迦百农早已经成为著名的圣地之一，耶稣当年在这里教导人的那座会堂确实已经被考古学家发现。由此证明历史上的一些宗教传说就是真实的历史。尽管帕索里尼说他"对确凿的史实不感兴趣"，但迦百农真实的人文景观为他的影片《马太福音》增添了更神秘的宗教色彩和更丰富的文化内涵。

所以，讲述耶稣的故事时，我没有按照耶稣的本来面目去构建他。如果我要按照耶稣本来面目来构建他，我就不会拍这样一部宗教题材的片子了，因为我并不相信耶稣是上帝的儿子。那样的话，我可能至多只会拍一部马克思主义或者实证主义的电影，讲述五六千个圣徒之中的一个在那时去巴勒斯坦布道。可我不想这样做，因为我不愿意去把宗教改为俗用，并且讨厌这样做。我只是想尽可能让事物神圣化、神秘化。我想讲述的耶稣故事要涵盖两千多年来耶稣故事的演绎与流传，因为正是这两千多年的耶稣故事变化史才为耶稣增添了一些神秘性。如果要真实再现耶稣本来面目，只能造出一部没有意义的传记。我要讲述的故事是耶稣的生活加上两千多年来人们对他生活的描述。这就是我的意图。

斯 ——— 您并不信基督教，却要拍这样一部题材的片子，这恐怕会遇到不少实践和理论上的困难。我觉得您就是由此得到了启发，从而创立了您的电影理论。

帕 ——— 概括说来，您说得有道理。我在《乞丐》中采用的风格是宗教的，我自己是这样觉得，所有的评论也都这样认为。但他们把它称作"天主教风格"的，而不是"宗教风格"的，这其实不对。因为只有风格有宗教色彩，而内容没有。刚开始拍摄《马太福音》时，我以为自己已经找到了基本思路，将用同《乞丐》一样的手法和风格来拍摄。可是两天之后就完全陷入了困顿，甚至想过要放弃整个拍摄工作，这在我之前的导演生涯中从未出现过。使用宗教风格来拍摄《马太福音》其实是画蛇添足。《乞丐》可以采用宗教的手法与风格，但是一部比较神圣的片子也这样来做就有些滑稽了。所以我才会泄气，想着要放弃。后来在维泰尔博拍洗礼那个场景时，我抛弃了之前想过的拍摄手法，开始使用变焦特写，采用纪录片式的画面。就这样，一种新风格诞生了。《乞丐》的风格属于非常简约而连贯的，就像马萨乔或罗马式雕塑。相比之下，《马太福音》的风格则比较多样化，它糅合了宗教色彩与纪录片的性质，呈现出古典的肃穆与戈达尔式的风格——耶稣两次受审的镜头就体现了这一风格。《乞丐》《马太福音》的风格对比同样体现在绘画上。《乞丐》中只有马萨乔式的风格，或者深层来讲有点乔托和罗马式雕塑的风格。但不管怎么说，只有一种风格的参照物。《马太福音》则有许多参照物：彼埃罗·德拉·弗朗彻斯卡的画，拜占廷的画，耶稣的面孔像是鲁奥创作的，诸如此类。最近我看了鲁奥的一次画展，其中他画的耶稣跟我创作的耶稣的面孔完全一样。总之《马太福音》有不少参照物，并且它的音乐也是这样，《马太福音》中的音乐融合了不同的技巧与风格。

关键问题是，在《乞丐》中我是以第一人称来讲述故事的，而《马太福音》中却不是这样。作为不信教者，我是通过信教者的眼睛来讲述。这样就造就了风格上的不同。

斯 ——— 拍洗礼那个镜头时突然改变了拍摄手法，是不是因为遇到了技术上的困难，比如说地形上的？

帕 ——— 不是，我完全是主动改变的。之前一夜无眠，思来想去决定放弃。第二天早上走到外面时，我马上决定要重新换一种方式来做。这对我而言是一个很重大的决定，因为我不是专业摄影师。事实上刚开始拍《乞丐》时，我对电影的拍摄手法一无所知，甚至连不同的镜头是什么样都不知道。

斯 ——— 决定改变之前，有没有保留一些电影胶片？

帕 ——— 有，当时有客西马尼和布道。我在剪辑过程中尝试过保留它们，可它们并不适合改变后的风格，我也不喜欢。

斯 ——— 奇怪的是，虽然影片中糅合了许多不同的因素，结尾却挺连贯。您过去曾说其中原因您也说不清，现在能说清楚了吗？

帕 ——— 不能，我还是挺纳闷，显然我干了一件自己也不明白的事儿。可是不同风格的混合并非是随意的，而是有体系的。这部电影很明显在风格上是一个统一体，不是单个规则的统一，而是整体的统一。

我拍完片子刚看时，觉得它有风格上的统一，这让我挺吃惊。然后我意识到可能因为是我自己讲的故事，所以自己就会相信。风格统一只是我无意识的虔诚（笃信），结果给了这部电影内在的统一。后来我在一两个月之前又看了一遍这部电影，又改变了想法，不觉得它有风格上的统一了。我拍电影时一直都在变换主意，尝试一些新方法，比如手持摄影机，采用"真实电影"的手法等，目的是想让它更加多样化。拍完再看，觉得它没有想象中那么异彩纷呈，不久前再看时又发现了以前没有发现的戏剧性的内在本质。这是一部矛盾非常尖锐的电影，迷离模糊，令人不安，尤其是耶稣这个形象——他时而高深莫测时而也让人难堪。有些镜头让我感到惭愧。大块的烤物、鱼肉、耶稣在水面上行走，都是令人厌恶的虔信主义。从那些圣洁的场面突然跳跃到他对政治的激情，反差非常强烈，以至于观众很难不对耶稣这个形象感到沉重和不安。看过这部电影的天主教徒都惴惴不安，觉得我把耶稣刻画坏了。事实上他并不坏，只是充满了矛盾性。

斯 ——— 在书中他同样充满矛盾性。

帕 ——— 在这一点上，我无心地做了一点类推。通过类推，我依照现代人的形象重构《马太福音》中目的论式的矛盾。《马太福音》中矛盾重重，但都是必需的，它们使得内容更加丰富翔实。而书中的矛盾则主要是内容、激情、信念，以及宗教的矛盾。相比而言，我电影中的矛盾与存在更为相关，也更令人忧虑。

斯 ——— 说到"奇迹"，有些在书中读来感觉很棒，但电影中则不理想。而值得注意的是，《从月亮所见到的地球》中的奇迹效果则比较好。您是怎么看的？

帕 ——— 道理很简单。我的观点是，一切都要表现得真实，即使只是类推的也要真实。您可以看到，我创造奇迹用的是人工辅助的方法。如果我真能让恩里奎·艾拉佐奎在水面上行走，或者如果我能施催眠术，效果可能就会很棒了。还有一点是，我们生活的文化不信奉奇迹，所以我们再怎么努力也不见得能得到认同。但是意大利南部的农民仍然生活在一种不可思议的文化中。在那里，奇迹在他们意识里就如同《马太福音》书中描写得那样真实，所以他们也许就不会去注意我使用了什么手法。

斯 ——— 有一点是，您所做的跟马太所做的有种不可弥合的矛盾，这种结合体破坏了奇迹。

帕 ——— 不管什么事我都能找到与之相似的东西。也许我应该去尝试着创造一些全新的奇迹，而不是像有神医功效或者在水面行走这样的奇迹。也许我应该试着去传达一种人人都能感受到的奇迹，比如看日出：万物静寂，太阳徐徐升起，照亮林木。也许对我们来说，这就是奇迹。可那时我并没有这么想，现在也仍在探索中。《从月亮所见到的地球》中的奇迹效果之所以更好，是因为它的中心是超现实主义。

斯 ———《圣·保罗》您打算怎么处理呢？

帕 ——— 里面不会有奇迹现象，只有几个骗子装着能创造奇迹，结果被圣·保罗狠狠地惩罚了。这个场景选在意大利南部那不勒斯和罗马之间的地段拍摄。

斯 ——— 您不觉得您的《马太福音》中承载了太多信息吗？比如说，您参照了很多当时的绘画。

帕 ——— 没觉得，我觉得结局还是挺好的。您也可以看出这一点。此外，我说过，我的想法是在两千多年的基督教背景中讲述耶稣的故事。对于像我这样的意大利人来说，绘画在这两千多年里有着非常重要的地位，而且的确是基督传说中的主要因素。

斯 ——— 看这部电影开头时，我还以为您打算从本质上进行强烈的批判。片首好像讲的是两个懵懂迷糊的人，不知道什么事要降临到他们身上。同样，当耶稣从山上走下来经过几个农民身边时，他对着他们大嚷大叫，以致这些农民根本没有机会听明白他在说什么。然后随着电影情节的展开，我才明白您的初衷不是像我想的那样。

帕 ——— 我那样开头是有目的的。但是玛丽亚和约瑟夫开始的形象则不同：他们是两个凡人，还没有适应超凡的神力。在他们跟圣人之间，力量对比很明显。但基本上，这只是为了强化一种观念：任何凡人身上都有神灵的因素。这个天真的女子充满神秘性，我想做的就是竭力扩展描写这个女子的神秘。人们对于神圣事件毫无心理准备，而后出现的冲突是我刻意为之的。我把耶稣的开场白描述成对农民叫嚷，是为了他以后的布道能有一个拔高。您也许记得他独自一人在行走这个画面。罗伯托·隆吉力赞这个情节唯美，说耶稣是满怀动力与憧憬来到乡村，这有点像19世纪印象派画家去清新的田园写生。

斯 ——— 您在下面继续采用了这种风格，因为耶稣在许多反对犹太法利赛教徒的演说中都有不少听众，但是有些在天主教徒看来很重要的布道，他却几乎没有听众。

帕 ——— 是的，之所以这样是因为我觉得耶稣周围的人，包括马太本人，都觉得关于犹太人问题的演说要比纯粹神学的和超自然的布道重要得多。马太基本上是所有福音传道者中最为贴近俗世的。

斯 ——— 您就是因此选择了《马太福音》吗？

帕 ——— 是的，因为马太是最革命的，他同那个历史时期的现实问题更为接近。从个人角度来说，我更喜欢《约翰福音》，但我觉得《马太福音》更适合拍成电影。

斯 ——— 您刚才说马太是最革命的，但是我想您一定清楚，很多人都觉得他是所有福音传道者中最不革命的：他的主要意图是说服犹太人支持耶稣，反对时为民族解放运动的宗教头目——法利赛人。[33]

帕 ——— 我对准确重构当时的史实并不感兴趣。初读福音的第一感觉就是，他是革命的。耶稣去巴勒斯坦显然掀起了一阵革命旋风，有人来到两个人身边，说"全心全意跟着我"的人必然是完全的革命家。当然，越往下看，您可能越会从历史、文学等多角度去分析，体会得也更深刻，但刚开始的感觉是很革命的。

斯 ——— 您怎么看待剧本呢？例如"天父"是天主教版本的

缩写本。

帕 —— 我故意沿用了标准的天主教的翻译来避免无用的争论。

斯 —— 语言对于一般的意大利人来说好懂吗？

帕 —— 语言有些古朴，但一般的意大利人可以理解，因为他们的宗教用的也是那种类型的语言，就像他们能习惯电视上的语言。

斯 ——《马太福音》有一两个情节在书中并没有，比如耶稣的死。

帕 —— 是的，那是选自《以赛亚书》（Isaiah）的，是我允许自己按照自己的想法做的几个变动。还有一个选自《以赛亚书》的情节是他同几个使徒在彼得授职前在卡拉布里亚行走。但是《马太福音》的故事本身有很多都引自《以赛亚书》，所以我觉得我做的几处变动也不成问题。

斯 —— 我猜想"彼得授职"开始并没有包含在内，对吧？

帕 —— 我刚开始拍了这个情节，后期制作时又删掉了。这让我的天主教朋友觉得不舒服，所以就又加上去了。这样做完全出于对朋友的尊重。

斯 —— 是不是拍了很多后来没有用到的镜头？

帕 —— 我拍摄的镜头足够放映两个半小时到三个小时。但有些关于来世论的布道还有其他的一些东西因为让人看了不舒服，就被我剪掉了。在意大利，每部电影里至少要用两个电影学校的学生，这部电影中我让他们扮演了魔鬼的门徒。结果他们表演得挺糟糕，所以我把这部分也剪掉了。

斯 ——— 您知道，许多左翼知识分子并不喜欢这部电影。夏夏[34]把您描述成对话体的测震仪，福尔蒂尼则说这部电影是对话体的工具。对此您在意吗？

帕 ——— 关键是我为对话体做出了一些贡献。我不是对话体的测震仪，我不仅仅记录了那些对话体，而且创作了它，并且我觉得自己是对的。我刚开始这样做时，没有人这样想，这一点您得知道。对话体并非风尚，我也不是在开拓风尚，虽然我清楚这样做可能有风险。过了一段时日，我也不再谈对话体了。我发表了自己的心声，然后就闭嘴了，没有加入那些后来开拓对话体的人的队伍中去。但我仍觉得自己是对的。因为大批的天主教徒现在开始站在意大利共产党唐·米拉尼政党一边，这在意大利是非常重要的现象。这些结果已经超越了对对话体的开拓层面，保罗六世和共产党之间可能正进行着非常猛烈的对抗，但我对这些并不感兴趣。我关注的是天主教徒认识上的进步。所以并不能说我对对话体所做的努力徒劳无益。

《大鸟与小鸟》

斯 ——— 您也改变了《大鸟与小鸟》这部电影的风格。按最初的计划，它本该被拍成一部您称之为"意识喜剧"的电影，最后却并非如此。

帕 ——— 哦，我不知道，也许最后它是"意识"的色彩太浓，而不太像"喜剧"了（不管怎样，那只是我开玩笑编出来的一个名词，并不是一个正儿八经的范畴）。至于改变风格，我想我一直都有一个基本的风格，从拍《乞丐》一直到《马太福音》都没变过。《马太福音》很明显体现了我的心理学和病理学观念，您知道，这一点是无法改变的。甚至拍《定理》时，我本来打算以一种完全不同的方式来拍它，结果拍完后，它还是和我其他的电影很相似。在《大鸟与小鸟》中，我觉得加入的新元素就是我努力使它更像普通电影——里面几乎没用任何象征艺术，而是更明显地参照了其他电影。跟《乞丐》不同，《大鸟与小鸟》更多的是电影制作而不是象征文化的产物。

电影让新现实主义结束在地狱边缘，召唤出新现实主义的鬼魂，尤其电影开头还讲述了两个活了一辈子却从没考虑过这一点的人——两个典型的新现实主义主人公，卑微、平凡且无知。整个第一部分就是召唤新现实主义的灵魂，当然，这里指的是理想化的新现实主义。还有其他部分，像小丑的那个部分，就是特意安排来召唤费里尼和罗西里尼[35]的。有些评论家指责我在那个部分中借用了费里尼，但是他们不知道，那里只是引用了费里尼的话。事实上，很快后面乌鸦就对他们俩说："布莱希特和罗西里尼的时代结束了。"那整个部分就是一段很长的引用。

斯 ——— 您觉得评论家们不会对哪些话是您说的，哪些话是乌鸦说的感到困惑吗？

帕 ——— 我认为不会，因为乌鸦是以自传体的形式说的。我跟乌鸦之间有明显的区别。

斯 ——— 您是怎么稳定那只乌鸦的？

帕 ——— 那只乌鸦真是一只又野又疯的小动物，它把其他所有人都快逼疯了。事实上，我设想了一个喜剧情节，让托托和尼内托成为这样一只乌鸦的主人，会很有趣，因为它实在太难应付了，我一生中从没遇到过这样棘手的挑战。一般来说，意大利导演主要担心的是天气，因为罗马的天气非常多变，但是，除了天气，我最担心的就是这只乌鸦了。拍有它的戏时，我只好不时地开枪吓住它，才能进行下去，然后再把剪辑仔细地组织好，这真是个糟糕的考验。后来乌鸦死了，尼内托伤心极了，所以，他去印度看到那儿有很多乌鸦时，觉得又回到了老朋友身边，他和乌鸦间建立起了一种特殊的感情。

斯 ——— 托托呢？您找他出演有些冒险，因为他是意大利著名的喜剧演员，他的风格已经很固定了。尽管其他国家的人觉得他演得很好，但是，您觉得他在意大利人心目中是不是总会让人想起他扮演的那类特定的角色呢？

帕 ——— 我选择托托是因为他是个演员，观众已经认识他，并认可他的表演。我只想让他按照自己的方式表演。可怜的托托，他曾经像个孩子似的小心翼翼地来问我，能不能让他演一部严肃点儿的电影，当时我不得不说："不，不，我只想让您按一贯的戏路走。"事实上，托托这个角色经过了处理，他不像《乞丐》里佛朗哥·奇蒂扮演的那个角色，直接就是个足智多谋的天才，托托这个角色是被他自己还有其他人处理出来的一个典型。但我找他演是找对人了，因为他本身就是一个典型。一方面，他既容易轻信他人，又具有那不勒斯人的可靠性格；另一方面，还具有小丑的特质——也就是说，具有鲜明的特征、新现实主义的特色，而又有些荒诞离奇。这就是我之所以选他的原因，也是他的特色，即便在他演得最糟的电影里也是如此。

斯 ——— 您觉得尼内托·达沃利演得怎么样？

帕 ——— 我是在制作《软奶酪》那部电影时偶然发现他的，

当时，他跟一群男孩一起看我们拍电影，他一头卷发、性格独特，马上引起了我的注意，后来他就是以这样的形象出现在我的电影里。打算拍《大鸟与小鸟》时，我毫不犹豫地想到了他和托托，并让他在《马太福音》里扮演了牧童的小角色，作为试镜。

斯 —— 我觉得您选择父子关系来诠释一个重要的意识形态的转变这一点很奇怪，因为它不仅是两代人的关系，还有家庭的延续在里面。

帕 —— 但是托托和尼内托·达沃利演的是一对很正常的父子，彼此之间没有什么大冲突，相处得非常和谐。他们身上表现了这样一种永恒的东西：儿子像父亲，他们身上都有着平凡和神奇的结合。他们之间没有代沟，做儿子的准备将来成为一个像父亲那样的普通人，当然也有一些区别，比如穿不同的衣服，还有，他很可能要去菲亚特公司工作。尽管性格上有不同，但不会发展到意识上，不会导致他跟父亲之间产生分歧或对立。

斯 —— 我不太明白 —— 这是这部电影的主题还是您现在评论的主题？

帕 —— 托托和尼内托虽然一个老一个年轻，但一样都是人。他们之间冲突的是新历史环境的东西，而作为人来说，彼此没有矛盾。

斯 —— 以陶里亚蒂，意大利共产党的领袖的死为例，这是影片里很重要的部分，[36] 可是，在我看来，它并没有展现出意大利人民生活的巨大变化。

帕 ——— 不对。它本身没有展现，但却象征着巨大的变化。它象征着一个历史时代，一个抵抗的时代，一个对共产主义抱着巨大希望并进行阶级斗争的时代已经结束了。现在我们有的是经济繁荣、福利制度和工业化，我们的工业化把南半球当作廉价劳动力市场，甚至开始使南半球也工业化。这一真实的变化大致与陶里亚蒂的死重合。二者时间上的巧合，起到了象征的效果。

斯 ——— 但是在这种情况中，两代人之间的差别当然是最重要的，因为主张抵抗尤其是反法西斯的共产主义，在老一辈共产党员那儿保留了下来，他们认为反法西斯这一点应该被传承下去。

帕 ——— 我赞同抵抗和阶级斗争的情绪存活了下来，但是这指的是中央委员会和意大利共产党的领导者们，然而托托和尼内托代表的是意大利广泛的人民大众，是我们身边无辜的意大利人民，历史跟他们没有太大关系，他们只了解意识问题的一些皮毛。就是在这个时候，他们从一只乌鸦的口中了解到马克思主义。

斯 ——— 可是就在陶里亚蒂的丧礼结束后，他们在路边遇到了那个姑娘，也就是说，共产主义刚一结束（或者说，这个时代刚一结束），他们马上就跟一个女人一起离开了。

帕 ———— 哦，不是这样的。那个姑娘代表活力。事物灭亡，我们会很悲痛，但是，接着我们又会恢复活力，这就是那个姑娘的象征意义。事实上，陶里亚蒂的故事并没有就此结束，因为他们跟那个姑娘一起离开后，乌鸦又出现了。他们做出了残忍的举动，吃掉了乌鸦，天主教徒们称之为圣餐：它们吞食了陶里亚蒂（或者说马克思主义者们）的身体，并吸收了它。随后，他们沿着路向前走，即便他们不知道那条路通向何方，但是很明显他们已经吸收了马克思主义。

斯 ———— 这确实很模糊难懂，既毁灭了它，又吸收了它。

帕 ———— 的确如此，这正是它的主题。乌鸦在被吃掉之前说："引路者们就是要被吃掉的。"他们必须被吃掉，超越物质而存在，如果他们的教导有价值的话，那些教导和观念就会依然保留在我们体内。

斯 ———— 最开始那个片段您本来只打算删减一点点，后来为什么把它整个去掉了？[37]

帕 ———— 那部分最棘手。我删减过后，发现它变得很难懂，就把整个都删掉了。我不想拍出的电影大众都看不懂，因为大众不是电影的外围，而是其内部的重要部分，就像韵律诗一样。促使我下决心的是托托。在那个片段里，他是个小资产阶级，他教一只鹰怎么成为小资产阶级，结果自己变成了一只鹰：理性、遵纪守法且受过教育的小资产阶级。也就是说，信仰胜过了遵纪守法的观念以及人们所受的教育。但是结果发现这样行不通，因为托托本身不是小资产阶级，他真正的性格流露了出来，使得整个片段都不对劲，尽管表面上看没什么问题。托托不是那种会到处去教别人行为举止的好人。

斯 ——— 这部电影很深刻，完全不是喜剧，它是关于意识形态的，很悲伤。

帕 ——— 那是您的个人印象。我同意它不是很滑稽，它除了让人笑之外更重要的是还让人思考。当它在蒙特利尔和纽约上映时，观众笑声不断，这让我很惊讶，不像在意大利，人们看完后有点失望，主要因为他们原打算去看托托的喜剧表演，然后和以往一样开心一笑，结果却慢慢发现笑不出来。我同意这不是一部滑稽可笑的电影，但您的评价可能有点主观。

斯 ——— 您曾暗中提前看过吗？

帕 ——— 我们确实有预告片，但我从没看过。有时候，他们会在市中心为商业电影做电影预告，觉得那里代表潜在观众最低的一般水准。唯一一次我跟很多人一起看我自己的电影是在一个电影节上 ——例如《俄狄浦斯王》，当时是威尼斯电影节，我完全是第一次看。我从来不敢进电影院去观看我自己的电影公映。

斯 ——— 我想再回到您之前谈到的新现实主义的话题。两个问题：第一个问题，关于罗西里尼，他在法西斯统治时期制作的电影在风格上跟所谓新现实主义时期以及他后来的电影都一模一样，直到《路易十四的夺权》（*La Prise de Pouvoir par Louis*

XIV），它和《弗朗西斯的花束》一样具有新现实主义意义。我觉得罗西里尼是一个伟大的——同为意大利的——导演。另一个问题是把这个时期整个划分为"新现实主义"的范畴，勉强把费里尼和罗西里尼两位并在了一起。我认为他们俩根本不是一个级别的，在英国我认识的每个人都这么说。《大鸟与小鸟》谈到了意大利电影的几个方面，但我想更准确地弄清楚您对罗西里尼和新现实主义持什么态度。

帕 ——— 罗西里尼的风格史就是罗西里尼的风格史，正如我之前所说，每个人的风格里都有一个固有的元素。罗西里尼的风格很一致，却不及新现实主义的历史那么广泛：只是他风格史的一部分与新现实主义的一部分相重叠。这个重叠的部分与费里尼有很多共同点：看待事物和人物的方式，还有他们的拍摄方式和蒙太奇手法，这都跟以前的古典电影不同。很明显，费里尼和罗西里尼两个人截然不同，但是两人共有的与新现实主义重叠的时期使他们有了共同点。您刚才提到了《大鸟与小鸟》中令人联想到新现实主义的部分，正是那部分使人想起了费里尼和罗西里尼共有的典型特征：立场观点变化无常的人、那种女人——很有费里尼特色，也很有罗西里尼特色。另外，他们都具有我称之为"生物现实主义"的特点，这是新现实主义的特点，典型地体现在《弗朗西斯的花束》这部电影中：被人以一种喜剧的方式来看待的卑微的人，包含着讽刺的虔诚。我觉得他们都有这个特点。但是，总的来说，我同意您的看法，他们是两个毫不相干的导演，只是他们同处于一个与新现实主义重叠的文化时期。

斯 ——— 那么乌鸦说的"布莱希特和罗西里尼的时代结束了"不是指罗西里尼而是指新现实主义结束了？

帕 ——— 是的，罗西里尼是新现实主义大师，而新现实主义结束了。一方面我指的是社会谴责时代和布莱希特那些人的伟大的意识戏剧结束了，另一方面指的是日常的谴责和新现实主义者结束了。

斯 ——— 一位意大利评论家把您的电影认定为意大利第一部现实主义电影。我认为《大鸟与小鸟》是现实主义电影，但只是在像《弗朗西斯的花束》被称为现实主义的作品一样的层面上——事实上，电影里那只鸟跟僧侣一块儿的整个部分，极大地吸收了罗西里尼电影的特点。

帕 ——— 我很喜欢罗西里尼，最主要是因为他最棒的那部电影《弗朗西斯的花束》。"现实主义"这个词既模糊又含蓄，对它的理解很难统一。与新现实主义电影相比较，我认为自己的电影是现实主义。新现实主义电影从拂晓、内心、天真尤其是自然的视点来看待日常现实。这里的自然不同于古典意义上的自然：残酷、暴力，像维尔加的诗里描述的那么美，或是像左拉的文章里描述的那么绝对，新现实主义的自然有些超然，它带着人性温暖，其间却混合着讽刺——我不具备这种特点。与新现实主义相比，我认为我使用了一些现实主义，但很难明确地定义它。

斯 ——— 您说过"意识形态的讽刺"有助于分析《大鸟与小鸟》,这部电影跟意大利电影业的状况更有关系,还是跟意识形态和政治状态更有关系?

帕 ——— 都有。在英国、法国或美国,人们已经不记得工业革命和向经济繁荣过渡的时期了。而在意大利,这种过渡才刚完成。英国花了一个世纪才完成的事情在意大利只用了 20 年。这种经济爆炸带来了意识危机,它尤其威胁到马克思主义的地位,与此同时,意大利又正发生巨大的文化变革。这就是我在电影里要表达的。

《从月亮所见到的地球》和《云是什么？》

斯 ——— 《从月亮所见到的地球》是喜剧影片《女巫》的一个片段，拍它的过程中经过了什么协调吗？

帕 ——— 没有，每个人都独立地做自己的工作。我觉得剩下的部分直到德·劳伦提斯叫我把它做成一个片段时才完成。不管怎样我决定不看它们，看了肯定受打击，当时我只想把我负责的部分弄完，包括这个片段和《云是什么？》(《意大利随想曲》中我拍的一个片段)。最初我想拍一个有特色的系列，都让托托来演。但托托不幸去世了，我这个想法就破灭了。我考虑过找别人演——当时我想到了雅克·塔蒂——但现在我已经没这个激情了。无论如何，关键是我拍的这个片段跟整部影片的其他几个片段没什么关系，唯一一致的地方是每个片段都由西尔瓦娜·曼诺迦主演。这部影片是制片人而不是故事的作者创造力的结晶。

斯 ——— 您能安排您拍的片段在哪儿出现吗？因为观众们先看到和后看到在效果上有巨大不同。

帕 ——— 不幸被您言中了。在用蒙太奇手法拍我自己的电影时，我意识到甚至一个画面都有着重要影响：有时您去掉一个看起来无关紧要的镜头，结果整个场景都变了。《女巫》的各个片段都很相似，基本上都是新现实主义关于时代错误的产物，甚至连维斯康蒂最后都很惨。其他片段的背景都是中产阶级的生活环境，基调明快或者有喜剧风格，所以我的片段显得格格不入，观众们看了有些不知所措。评论家们也是如此。我认为他们中间没有一个人对它做出了有智慧的评价，他们仅仅把它看作我作品中一个怪异的小插曲，但我认为它是我制作过的最成功的影片之一。

斯 ——— 对托托来说这部电影比《大鸟与小鸟》要轻松多了。

帕 ——— 拍完《大鸟与小鸟》之后，我觉察到意识在里面扮演的角色远远超出了我的料想：它没有完全被故事吸收，没有转换成诗意、精巧和雅致。那部电影一制作好，我就觉得意识的成分有点儿重了，开始遗憾自己没有拍出更轻松更有趣的电影，哪怕是以流浪汉的冒险故事为题材的电影，它们虽然在意识上没有太大意义，却更含蓄、神秘和富有诗意。我真的觉得很遗憾，托托和尼内托这对搭档这么可爱、这么有诗意，而且这么有可塑性，所以我想拍一部充满寓言的电影，其中一部就是《从月亮所见到的地球》。

斯 ——— 正如您所说，它基本上算是一部超现实主义电影。您怎么认为可以把超现实主义融入电影（或者把电影引入超现实主义）？还有，为什么左翼评论家和左翼大众对超现实主义从不感兴趣？

帕 ——— 首先，我觉得关于超现实主义的定义不是太清晰。稍微想一下就会发现，我们说到超现实主义时指的是两个方面：一方面，我们会想到布勒东和阿拉贡的"超现实主义宣言"，还有一大群法国超现实主义艺术家和超现实主义油画，例如达利和20世纪初的超现实主义者们。然后是卡夫卡，他又是另一种类型了。阿拉贡、艾吕雅或他们的前辈洛特雷阿蒙和卡夫卡之间，超现实主义油画和早期超现实主义电影之间，不可同日而语。另一方面，指战争时期法国思想文化运动中的超现实主义，它有着非常重要的意义，我觉得甚至可以说所有充满活力的当代诗歌，包括社会主义和共产主义诗人创作的诗歌都由它发源而来。正是超现实主义带来了诗歌的复兴，乃至后来表达政治观点的诗歌也都依稀有着超现实主义的影子。然而，现代象征主义运动却导致了后来的反动诗歌的产生，它们之中有些可能很美，却很反动。整个意大利神秘主义和新前卫主义都起源于象征主义。从这个意义上说，左翼犯了一个错误。他们在评价和再评价这样的文化运动上一向很迟钝，而我的电影总是与传统不太一致：要说有什么不同的话，那就是我的电影更符合卡夫卡的超现实主义或者与超现实主义绘画有些关系。它与布努埃尔在《一条安达鲁狗》中表现的超现实主义毫无关系，倒与《白日美人》(*Belle de jour*)中些许（朦胧）神秘的超现实主义有些相似。因此，我电影中的超现实主义和历史超现实主义几乎没有关系，而基本上是寓言超现实主义：它几乎起源于大众，所以这部电影的寓意"生或死是一回事"取自印度哲学就不奇怪了——这句话是印度哲学的标志性语句。把景和人转变成一种非现实（我们称之为"超现实"）的气氛，从而产生神秘感，并通过哲学信息传达出来，必须承认，我是间接获取这种哲学信息的。

斯 ——— 超现实主义是一个总是被忽视的范畴，在美国电影中尤其如此。我认为，比如，道格拉斯·西尔克就是个主要的超现实主义大师。

帕 ——— 巴斯特·基顿身上就有着很强的超现实主义元素。但是如果您要那么说的话，得先区分历史超现实主义（20世纪初出现于法国）与绘画及电影中的超现实主义——两者之间有很大不同，还有或许能被叫作"元历史超现实主义"的寓言超现实主义，在拉封丹博物馆里可以找到，事实上，在每个民族的民间故事里都能找到，它又有着相应的绘画、雕像和民间艺术。在某种意义上，我的电影属于这种元历史超现实主义的范畴。

斯 ——— 在这里您是怎么处理场景的色彩的？它们都是您制作出来的吗？

帕 ——— 不是的，我很幸运，找到了两三处色彩棒极了的地点，直接使用它们就好了。场景里的一切都是真的，唯一一个不太好的地点是那个罗马斗兽场，其他的都是穷人的海边度假胜地，就在菲乌米奇诺和奥斯蒂亚，在那儿人们建了很多小度假屋，漆上了稀奇古怪的颜色。托托住的房子内部的样子，还有那幢不可思议的粉红色别墅，托托曾爬上它的塔楼教西尔瓦娜·曼诺迦假装从斗兽场跳下去，那些地方都是真的。

斯 ——— 您真的修改角色了吗？

帕 ——— 是的。我不得不对他们做些处理，让他们更荒诞。但是基本上我只是突出了我在谈《大鸟与小鸟》时提过的那些东西。托托是这样一个人，容易轻信别人、普通而又典型，我做的只是强调他身上的滑稽性；对尼内托也一样，他身上有种神奇的东西，我只是让它更突出。这就是我做的一切，只是让本身已经存在的那些特点更突出，并没有创造什么。

斯 ——— 您不可能让影片中的明星变得又聋又哑来讨观众喜欢，某种方式上说，这也是一个反现代电影的姿态。

帕 ——— 是的，的确如此。但是那只存在于卓别林的早期喜剧电影中，它们都是无声的。影片有个地方西尔瓦娜·曼诺迦从托托的房子里扫出一堆稀奇古怪的垃圾，从中发现了一张卓别林的照片——很显然，这是一个关键引证。

斯 ——— 您制作了《云是什么？》，在《俄狄浦斯王》之前？

帕 ——— 对，我从摩洛哥为《俄狄浦斯王》选景回来时拍的。

一个星期就拍完了,因为当时赶时间。

斯 ——— 没有跟拍其他片段的导演联系吗?

帕 ——— 完全没有,我甚至不知道这部电影的其他片段是什么。我拍的片段本来是要作为之前跟您提过的那部著名电影的一部分的,它相对于其他片段比较独立,几乎无法理解,因为观众们几乎没有时间去理解它的含义,所以在看它的时候您应该把它和《女巫》里的那个片段以及我没能拍出来的其他片段联系起来。

斯 ——— 那天您说您剪去了一部分或许能更好地解释结尾的内容(表明"玩偶"从来不在外部):您在考虑修改我看过的那个版本吗?

帕 ——— 太晚了,已经发行了。

斯 ——— 在这个片段中您用了佛朗哥·弗兰基和奇乔·英格拉西亚,他们是意大利著名的喜剧演员,风格独特。而您是以两种方式来用他们,不仅依据他们本身的特质,还依据他们以之闻名的风格。

帕 ——— 我觉得这没问题,因为他们就是他们自己,不管他们是否以自己本来的样子闻名。我选他们是因为他们具有这样一种特质,有一点大众化,就像大众木偶剧院演出正式开始前的娱乐[38]:他们的喜剧性也许有些凄惨,却很直接。意大利人知道他们很逗,国外不知道,但效果是一样的。

上 《乞丐》(1961) 中的迷茫野性

下 安娜·玛尼亚妮在《罗马妈妈》(1962) 中扮演罗马妈妈,表现出"社会底层"的呐喊

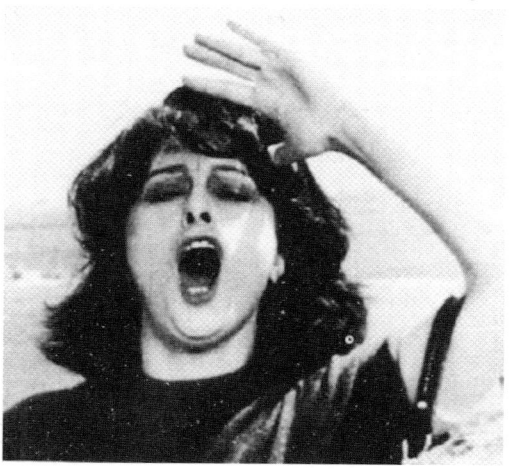

帕索里尼在《软奶酪》(1963)中用影像创造了蓬托尔莫的绘画作品《被解下十字架的圣体》

《马太福音》(1964)中对希律王之女的再现画面

《马太福音》中的画面构图及人物造型是对彼埃罗·德拉·弗朗彻斯卡的拜占庭绘画作品《法利赛人》的直接借鉴和再创造

《马太福音》中的画面构图及人物造型是对弗朗彻斯卡的绘画作品《法利赛人》的复制和再现

《大鸟与小鸟》(1966)中的神话寓言,三位旅行者托托、尼内托与代表马克思主义者的乌鸦

《大鸟与小鸟》中马克思主义者需要去拥抱作为第三世界的新现实

《俄狄浦斯王》(1967)中俄狄浦斯知道王后是自己的母亲时,最后看了一眼母亲上吊的遗体,自残了双眼

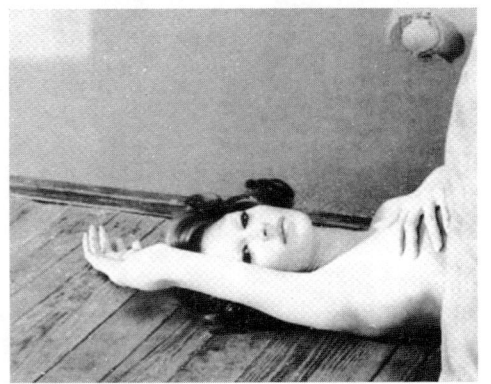

上《定理》(1968)中的摄影机"对物神的崇拜"
下《定理》中西尔瓦娜·曼诺迦扮演对爱感到饥渴的母亲

上《猪圈》(1969)中皮耶尔·克莱芒提扮演食人者

下《猪圈》中克劳茨边弹着竖琴,边听着纳粹实施残酷暴行的恐怖细节,美丽的音乐与恐怖的声音直接形成对立

《十日谈》(1971)中被禁欲的修女表现出对性的渴望与张扬

《坎特伯雷故事集》(1972)中的欢乐片段:尼内托在"厨师的故事"中扮演一个卓别林式的喜剧人物

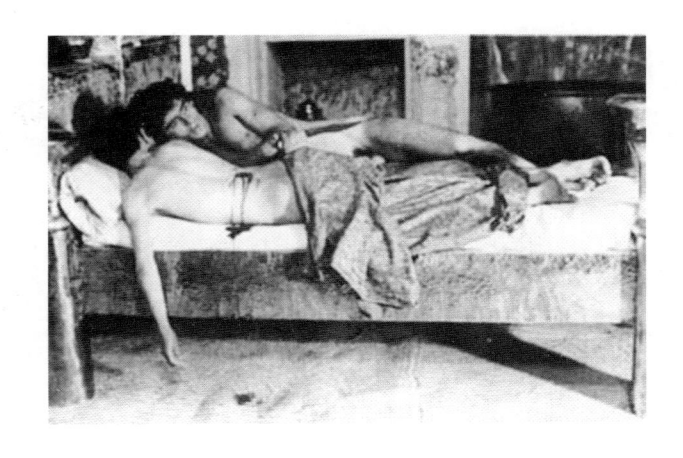

《一千零一夜》(1974)中预言的显现——年轻男孩果然在睡梦中被海上的不速之客刺死

上《一千零一夜》中豪华、古朴、壮观的东方景象
下《一千零一夜》中被魔鬼控制在地窖的欢乐新娘

上 《萨罗或索多玛的120天》(1975)中的世界末日情结——放荡之徒庆祝最后一场性虐待的狂欢仪式
下 《萨罗或索多玛的120天》中完美对称的画面构图与被虐待的等待形成巨大的张力

左上《萨罗或索多玛的120天》中少男少女的身体成为法西斯残暴的施虐对象
右上《萨罗或索多玛的120天》中残酷的放荡之徒正在挑选美丽的肛门,男性身体作为被虐的牺牲品
下《萨罗或索多玛的120天》中模拟的美丽结婚仪式蕴藏着法西斯主义者人性堕落的悲剧

《俄狄浦斯王》和《爱情与愤怒》

斯 —— 关于《俄狄浦斯王》首先我想问您两个问题。第一个问题是关于索福克勒斯的《俄狄浦斯王》剧本。除了《马太福音》，可以说这是您唯一一次用别人的剧本——在文字上您尽量忠实于剧本吗，就像拍《马太福音》时对马太的原作那样（因为在结构上您显然做了改动）？第二个问题是关于您对希腊神话《俄狄浦斯王》的阐释基本上是反弗洛伊德的，相对于乱伦您把注意力更多地放在他的弑父上。不管怎样，两者都是这个神话的主题，所以这很有趣，因为这两部分是相当独立的。

帕 —— 我没准备好回答这个问题，因为我从没想过。我认为两者是互补的，因为如果他没弑父，跟母亲的乱伦就不可能发生，如果我没记错，在索福克勒斯的剧本里，两者同样重要。刚才您指出，在我的电影里弑父比乱伦重要，如果不是数量上，那就是情感上了，但我认为这相当自然，因为与父亲之间是敌对和仇恨的关系，那么在表达这种关系的方式上就能更自由，相反，对母亲的爱仍然是潜在的。即使理智上我明白这一点，完全接受却很困难。也许我处理弑父时，潜意识里是想把它处理得更有艺术性，这一定是由于弗洛伊德所提出的那些原因，之前我都没意识到，但是您说得对。

斯 —— 在序幕里，您特意设计了这一幕：父亲对襁褓中的儿子说，"您正偷走我妻子的爱"。这跟通常用弗洛伊德理论对这个神话的解释不一样。事实上，您是给儿子寻找憎恨父亲的理由。

帕 —— 我想自由地拍这部电影。拍的时候我有两个目标：首先，拍成一种完全隐喻因而神话了的自传；其次，面对心理分析问题和神话问题，把心理分析重新投射到神话上，这是《俄狄浦斯王》的基本计划。但是我保持了极大自由，跟着我自己的灵感和冲动走。我不否认我是个单身汉。现在，相对于儿子和母亲之间的关系，我能更清晰地感受到父亲对儿子的怨恨，因为儿子和母亲之间的关系并不是历史关系，而纯粹是内心的、秘密的关系，事实上是元历史的，因此在意识上是没有结果的。相反，创造历史的是父亲跟儿子之间的爱与恨，因此，它自然更令我感兴趣。我深深地爱着我母亲，我所有的作品都受这一点的影响，但是这种影响的根源来自我的内心深处，而且就像我说过的，处于历史之外。而作为一个作家，我行为中一切意识、意愿、积极、实际的东西都取决于我与我父亲的斗争。这就是为什么我加入了一些索福克勒斯剧本中没有的内容的原因，但我并不认为这不属于心理分析，因为心理分析研究的是父亲的超我压制孩子，所以某种方式上说，我只是用我的方式应用心理分析罢了。

斯 ——— 关于您把这部神话拍成电影的方式我有两个问题。第一，这个神话反映的是一个集体现象，是人们对某些问题的集体反应的总和。第二，这些问题是历史问题，在历史上有准确的位置，例如从母系社会向父系社会的过渡期。很明显，您把它放到了历史之外。我发现序幕和摩洛哥那部分有些冲突，序幕——这部电影最精彩的部分——是个人的，而摩洛哥那部分试图通过个人把一个集体神话表现出来。也许因为在序幕中您尝试表达的是您自己的俄狄浦斯情结，可是制作一部关于集体神话的电影要困难得多，因为没有一个人真正有着完整的"俄狄浦斯情结"，我觉得这块儿有点跳跃。

帕 ——— 我觉得原因是这样的。开头是影片里我最有感悟的部分，因为它很特别地唤起了我婴幼儿时期的记忆，不是情感上的，而是身体上的，假想的，这就迫使我把感情抒发出来，因为一个人总是带着记忆的，但是同时又要控制好素材。我觉得《俄狄浦斯王》的序幕是我做过最棒的内容之一。显然，神话的召唤不那么让人有感触，它更审慎。我本想以梦的形式对这个神话进行再创造，把电影的主要部分（几乎是整部电影）设计成一个梦，这就解释了服装、场景和电影主旋律的选择，我想把它处理成一个有美感的梦。或许电影的中间部分不太好，但我觉得这不是因为并非所有人内心都有这个完整的神话。我想再现这个神话,让它像一场梦,我只能通过美化它来展现这个梦,也许这就是让人困扰的内容。

斯——— 另一个问题,索福克勒斯处理俄狄浦斯问题时,把恐惧的起源处理成一位或者几位神的神谕。在索福克勒斯那儿,一切都是人所不能控制的——俄狄浦斯的家人只想除掉他,因为神告诉他们如果不这么做就会有麻烦。在索福克勒斯的剧本里,间接的起因被推出人类的能力范围,整件事变成了一个无法控制的悲剧。

帕——— 这正是我着重强调的东西,因为这是索福克勒斯的剧本中我最喜欢的地方。一个毫无准备、一无所知的人不得不去面对所有这些问题。在意大利,人们指责我没有把俄狄浦斯塑造成一个智者的形象,但我认为这个想法是错误的,因为智者的天职是探索,一看到什么东西不起作用,就马上开始研究它。而俄狄浦斯恰好相反,他不想对问题进行深入的探究,就像所有单纯无知的人一样,为生活和自己的情感所困。这就是索福克勒斯的剧本中最令我感触的东西:一无所知和知的义务之间形成了鲜明对照。不是生活的残酷导致了犯罪,犯罪是由于人们没有努力去了解历史、生活和现实。

斯——— 可是了解也没用。他去问弗朗切斯科·莱奥内蒂了,知道了发生的一切,回来后却依然过着和从前一样的生活。这很悲观。

帕——— 是的,这部电影很悲观。等到俄狄浦斯明白一切时,已经没用了。当然，人们总喜欢假设：假如俄狄浦斯不是毫不知情，假如他是一个智者，并且查出了真相，也许他就能改变现实了。唯一的希望就是文化，就是成为一个智者。对于其他的我就一直很悲观了。

斯 —— 这个主题经常出现在您的电影中，如《爱情集会》的结尾就是建立在有意识和无意识这一对立的基础之上，您念的那首诗是对意识的辩护，但给人的总体印象却是您认为它起不了什么作用。完了就是完了。

帕 —— 对，我确实有这种观念，但我内心也有向意识、理性和知识靠拢的倾向，这一定是因为我根本既不理性也不具备意识，就像俄狄浦斯一样，骨子里很无知，反映出来就是我策划了这些对意识的肯定。

斯 —— 俄狄浦斯说：" 现在真相大白了，造成这一切的不是命运，而是人的意志。" 从某一点来看，造成这一切的确实是命运，而不是人的意志。

帕 —— 这句台词非常神秘，我也不能完全理解，但索福克勒斯的剧本就是这么写的。准确的台词是：" 看，现在真相大白了，造成这一切的不是命运，而是人的意志。" 我不懂它的含义，但觉得说得棒极了 —— 也许正是因为它的神秘和难以理解。台词中清晰地蕴含着什么，但只可意会不可言传。不管怎样，索福克勒斯的剧本中是这么写的，我没有改动。

斯 —— 总体上来说，您保持了索福克勒斯剧本的原貌吗？

您也做了一两处添加，如斯芬克斯（狮身人面像），不是吗？

帕 ——— 正如观众所知，剧本本身讲述了故事发生的整个背景。而这个背景部分在电影里是无声的，所以我添加了这句奇怪的台词，就像我添加斯芬克斯和其他一两处一样。它基本上是无声的。然后进入第二部分，从索福克勒斯的《俄狄浦斯王》剧本里瘟疫爆发、克瑞恩到来之后的那部分情节开始，从那儿起，我完全忠实于剧本了。

斯 ——— 剧本是您自己翻译的吗？

帕 ——— 对，我翻译得很特别，非常直白并且忠于原著。

斯 ——— 音乐呢？

帕 ——— 用的是罗马尼亚的民谣，最初我想在罗马尼亚拍这部电影，所以去了一趟，寻找场地，但是没有合适的。罗马尼亚是个现代化的国家，那儿的乡村正处于工业革命的进程之中，所有古老的林中小村都被破坏了，古老的东西都没保留下来。所以我打消了在那儿拍摄的念头，但是找到了一些我非常喜欢的民谣，它们含蓄深沉，风格介于斯拉夫、希腊和阿拉伯民谣之间，很难确切地加以界定。没有专业背景的人很难给它们定位，它们有点儿像世外之音。我本来就打算把《俄狄浦斯王》拍成神话，正需要非历史非现实的音乐。

斯 ——— 可是影片里也有日本音乐。

帕 ——— 是的，有一些日本音乐，选择它也是基于相同的原因。

斯 —— 您能解释一下既然之前您提到自己处于历史之中，而且这则神话也属于历史，那为什么您又想把它设计成"世外"和"非历史"呢？

帕 —— 这么说吧，这则神话是人类历史的产物，但后来成为了神话，就不再是这个或那个历史时期的典型了。我们说，它成了整个人类历史的典型。也许我说它"非历史"不太恰当，应该是元历史才对。

斯 —— 有两个场景拍摄手法有些奇怪：一个是俄狄浦斯去德尔福的神庙那部分，还有结尾在博洛尼亚那部分。您用了特殊的透镜吗？

帕 —— 不，德尔福那部分没有，我用的是普通镜头。那部分有些奇怪很可能是由于使用了蒙太奇手法，那部分内容的时间我分成两块，一块拍的是俄狄浦斯独自一人，另一块是他在人群之中，然后把两部分合到一起，也许就是这个让人觉得德尔福那部分有些奇怪。结尾拍现代社会时，我用了广角镜头，产生了扭曲的效果，因为突然回到现代社会不能做得很自然，否则过渡会很突兀。物理特征上的扭曲可以使从元历史到现代社会的过渡显得不那么突兀，还有助于维持梦境的氛围。

斯 —— 既然电影本身已经是梦和现实的结合，为什么您还觉得不这么处理会太突兀？

帕 —— 不管怎样，结果还是有些突兀，观众吓了一跳。但是我说的突兀指的不是内容而是形式。我得从形式上减弱这种突兀感。

斯 ——— 影片结尾用了两首意大利人熟知的跟主题相关的曲子，一首是关于左翼思想的，另一首是关于资产阶级的，对吗？

帕 ——— 结尾按弗洛伊德的理论说就是"升华"。俄狄浦斯刺瞎了自己的双眼，涤清了自己的罪恶，重新被社会所接受。升华的形式之一是通过诗歌。他吹起管风琴，这喻指他是个诗人。一开始他为资产阶级而演奏，然后奏起了与神庙相关的古老的日本音乐，乐声遥远、孤独而饱含忏悔，简直可以说是颓废，召唤他最初的记忆和他的血统；接着，他厌倦了资产阶级的生活，吹着管风琴离开了（也就是说，他表现得像个诗人一样离开了），走到了工人中间，在那儿他奏起了一首表达反抗的曲子，那是一首俄罗斯民歌，一些意大利士兵从俄罗斯学来在反抗斗争中作为革命歌曲唱的。

斯 ——— 那天谈到《祭神》时，您说影片中唯一的言语将会是有人说他从弑父的行为中获得多大的快感。显然，俄狄浦斯神话最让人沮丧的一个地方是一切都是在无意识中发生的——如果有人想杀死自己的父亲，他至少也可能从中得到快感。因此，在这层意思上，我们能说《祭神》是俄狄浦斯问题的进一步发展吗？

帕 ———《祭神》不是神话，而是一部有观点的电影。主人公的行为都是在毫不知情的情况下完成的，直到临死之前他才体会到自己做这一切得到了多少快乐。在格调、画面带来的感官享受、服装和妆容方面,《祭神》更像《马太福音》,当然了,我们可以把它和我其他的电影联系起来,但它更偏向于是一部有观点的电影。

斯 —— 您还为《爱情与愤怒》(《70 年代的福音》)[39] 拍了一个片段。

帕 —— 是的,它很短,只有 12 分钟。最初只是沿着罗马的国民大街拍的一个很长的移动镜头,现在还是 12 分钟,但我把它分成了两三个不同的镜头。《爱情与愤怒》的灵感来自福音里的寓言,所以在我的片段里我选取了那棵无辜的无花果树做题材——记得吗?3 月来了,耶稣想摘一些无花果,但树上一个果子也没有,于是他就咒骂那棵树。我一直觉得这个片段很神秘,关于它有好几种不同的理解。我是这么理解的:历史上有些时刻人不能对真相完全无知,必须了解情况,不了解就是犯罪。因此,我让尼内托沿着纳兹奥那勒大街向前走,脑子里什么也不想,全然不知与此同时世界上正发生一些最重要最危险的事情,例如越南战争、东西方的关系等,我把这些事情的画面与他向前走的画面相叠印,它们只是像影子一样从他上方经过。然后,某一刻在路中间您听见上帝的声音,告诉他要去了解这些事情,但是和那棵无花果树一样,他不懂,因为它不成熟且无知,于是结尾是上帝谴责他,夺去了他的生命。

工作风格、计划和戏剧

斯 ——— 请您谈谈您是如何工作的。托托强调您喜欢采用短镜头的拍摄手法[40],这是您惯用的手法吗?

帕 ——— 是的,我经常使用短镜头。这刚好和我前面提到的相呼应,这一点也正是我和新现实主义者本质上的不同。新现实主义最大的特点就是使用长镜头:摄影机放到一个固定的位置上,拍摄和真实生活相同的场景,人们来来往往,互相交谈,望着对方,与真实的生活情景一模一样。但是,我从来不使用长镜头,或是基本上不用。我不喜欢自然的方式,而是重新构建所有的事物。我从不会使用一组长镜头拍摄,或是演员说台词的时候远离镜头,我要让他们直接面对着镜头。所以在我拍摄的电影中,从来没有这样的情况:镜头在一边,演员不是对着镜头说台词,而是相互交谈。主镜头/反拍镜头中就经常出现这样的镜头。所以,我这样拍摄:每位演员只说属于他的少量台词,这样就够了,我从不会一个镜头就拍下整场的内容。

斯 ——— 对于有些演员,这样一定会有些困难吧?无可厚非,他们应该想要知道前后发生的内容吧?

帕 ——— 是的。对于非职业演员来讲,还相对容易一些,因为只要照我说的去演就可以了,而且他们也会表演得更加自然。我必须承认,职业演员有些精神紧张,因为他们习惯了凡事都去表演。除此之外,生活中有许多细微之处,演员们喜欢倾其所能,重新演绎,这一点对于解释我的工作方式也至关重要。演员们最喜欢挑战的,就是在一幕开始的时候,悲伤哭泣,感情逐渐地发生变化,经过各种感情阶段后,最终破涕为笑。我不喜欢这些细枝末节,也不喜欢自然主义,所以,在所难免地,和我合作的演员会感到有些失望,因为我剥夺了他们的一些基本表演技巧,千真万确,我只要最基本的模仿自然。所以,对安娜·玛尼亚尼来说,和我合作简直就是一个灾难。托托为此和我争论了一番,最后还是放弃了。西尔瓦娜·曼诺迦没有任何异议,马上接受了,我也认为这种方法很适合她,因为她是一位出色的演员。

斯 ——— 您自己也出演了一些角色——在《俄狄浦斯王》中扮演大祭司,出演了里扎尼导演的《驼背人》。您怎么会去当演员呢?

帕 ——— 我出演过两部里扎尼导演的影片。我们是老朋友了,我当然不会拒绝。我也很愿意出演,通过拍摄,我知道到了拍摄现场的样子，因为在出演了《驼背人》后，我才开始《乞丐》的拍摄。而且在《驼背人》拍摄期间，我也像是在放假，读了很多书。另一个角色是他最近拍摄的影片，有关西部，我出演了一个造反者，是一位墨西哥牧师。①

斯　——　不同国家的导演有不同的工作方式，您是否给每位演员完整的剧本？

帕　——　如果有的话，是的。但是，比如《定理》，我拍摄的过程中差不多就没有剧本。西尔瓦娜·曼诺迦在电影拍摄了一半以后才第一次见到剧本。但总的说来，出于礼貌，我还是会给演员剧本的，虽然我还是比较倾向于亲自和他们讨论。没有什么方式是完美的，因为您也十分清楚，如果我说"悲伤"，悲伤的程度有多种，如果我说"自私自利的"，表现自私的方式也是多种多样的。基本上，我喜欢亲自和演员沟通，讨论角色的需要。

斯　——　在拍摄过程中，您会经常修改剧本吗？

帕　——　不会的，总的说来，改动的只是一些细微之处，要么根据布景的需要，要么根据演员的表演，按照角色的需要做出一些改动，第二种原因更常见。

斯　——　出演《乞丐》的佛朗哥·奇蒂，虽然电影中不是他

---

① 即《安魂弥撒》（*Requiescant*）影片。

本人的声音，在拍摄前，该影片的台词是否是为他专门设计的呢？

帕 ——— 嗯，是的。整个剧本都是为他专门创作的，虽然他本人没有配音。他的每一句台词，都是我亲自操刀，电影剧本也全部根据我写的内容，连标点都不差。

斯 ——— 那么奥逊·威尔斯呢？和他合作会感到比较难吗？他真的具有双方面的才能，既是一名好导演，在影片《事实上》里，又是一位聪明的主演吗？

帕 ——— 和他合作很愉快。威尔斯既有学问又聪明绝顶。同时，他很服从导演的指示。我在和里扎尼合作的时候也很服从，从来不会指指点点。我认为只有导演最清楚该如何拍摄。和奥逊·威尔斯合作真的很愉快，实际上，在拍摄《定理》时，我极力邀请他，希望能够再次合作，那是不可能的，但是，我打算拍摄《圣·保罗》的时候再次邀请他。

斯 ——— 那么美国电影呢？上次听您谈美国电影的时候，您对《阴影》和《疯狂世界》很感兴趣，但是您似乎并没有完全紧跟美国电影的潮流，[41] 现在还是如此吗？

帕 ——— 我年轻时经常去欣赏美国影片，更准确地讲，是在我开始拍摄电影以前，以后我就很少去了。我也不清楚为什么。其中，我敢肯定的一个原因是，从事一整天电影工作后，我没有力气去电影院了。每天好几个小时都是在监视器前，我再也不想去看了。所以，看到拍摄完成的电影时，我就会觉得有些头晕目眩。费里尼从不踏进电影院半步，我十分理解，虽然那有些过火。还有，我比以前更加苛刻了，因为我再也不会单纯为了娱乐而踏进电影院了，不再光是为了欣赏一些美国影片。我以前很喜欢去看，但是现在，除非我有 90% 的把握，确定那是一部好电影，否则我一定不会去，一年中这样的影片也只有五六部罢了。

斯　——　那么您一定会观看您喜欢的导演的电影吗？比如说，如果福特有一部新片上市，您一定会去观看吗？

帕　——　福特这个例子不太好，因为我不是很喜欢他，我不喜欢史诗题材的美国导演。我年轻时确实喜爱美国影片，但现在不了，虽然如果有一些导演有了新作，我还是会去欣赏。除了电影神话，我从美国电影中的收获并不多，我也会把电影神话留给戈达尔和《电影手册》。基本上，我获得的电影神话，真正来自于上面提及的作者，来自于无声电影。

斯　——　您主要观看谁的影片？

帕　——　这个很难说，我只是去看普通的美国片，我喜欢的多数导演并不是地道的美国人，而是从欧洲移民到美国的——比如朗格和刘别谦，但是我不喜欢近期的这个美国大片，关于战前或战后的，就像卡赞。我很敬仰他们，但我并不喜欢他们的风格。

斯　——　您提到沟口健二对您的影响很大，总的来讲，您关注日本电影吗？

帕 ——— 遗憾的是，日本影片很少进入意大利市场。我也并不喜欢黑泽明，但我很欣赏市川昆的作品——《缅甸的竖琴》是一部很好的影片，关于奥林匹克的那部也很好。

斯 ——— 意大利电影的整体情况如何？在《大鸟与小鸟》中，您描写了一位新现实主义的人是如何死去的，您能预见什么其他人会取而代之吗？还是那只不过是一片混乱而已？您有没有特指什么人呢？

帕 ——— 照我看来，非常简单——意大利新现实主义蔓延到法国和英国，它并没有灭亡，唯独在意大利灭亡。它以一种新的形式，变成了另外一个文化实体，但是在法国以戈达尔的手法延续，并出现在新的英国电影中，但我并不喜欢（虽然我很喜欢戈达尔）。奇怪的是，在传播到法国和英国以后，尤其是通过罗西里尼这个神话，新现实主义又重新出现在意大利，尤其在年轻导演中，包括贝尔托鲁奇和贝洛基奥，在经过戈达尔和英国电影的过滤后，继续演绎新现实主义。

斯 ——— 最让人感到吃惊的是，现在意大利的很多影迷对英国导演兴趣十足，我却有些不能忍受那些英国导演。您是否认为这种现象是新现实主义影响下的文化迂回的反映？

帕 ——— 我想是的。就算一场戏中没有什么停顿，也可以看出英国电影在很大程度上受到了新现实主义的影响。我前几天还在英国时，观看了半部《苦命母牛》，就连小孩子都能看出来，那只不过是不同语境下的意大利新现实主义作品。

斯 ——— 贝尔托鲁奇最早在您《乞丐》中做助手。

帕 ——— 是的。然后他拍摄了《干瘦的教母》,我本来是想拍摄这部影片的。我拍摄《乞丐》时,他对电影还一无所知,但那时,我总会避免聘用专业助手。虽然有时也会有些麻烦,但我更愿意和理解我、在精神上支持我的人一起工作,而不是和一位非常专业的人。最近,我在筹备一个戏剧,我对投资者的第一个要求就是,不必与现在的戏剧界同流合污,不聘用职业助理。

斯 ——— 如果说贝尔托鲁奇是将新现实主义重新搬回意大利电影银幕的导演之一,您如何评价您自己对他的影响?

帕 ——— 我想,与其说我影响了他,还不如说他反抗了我。我就像是他的父亲,所以他反抗了我。实际上,当他拍摄一个镜头时,他会想"帕索里尼会怎样拍摄",然后他就决定换一种方式拍摄。或许我给他的影响只是潜移默化的,但他总是能够分辨可信的和不可信的。我对他的影响只不过是总体上的,谈到风格,他与我大相径庭。他真正的老师应该是戈达尔。

斯 ——— 您写到了关于导演、音乐、地点和几乎其他所有与电影相关的内容,却很少提到和您一起工作的人,您可以谈谈阿尔弗雷多·比尼和塞尔吉奥·奇蒂吗?

帕 ——— 在我们很困难的时候,比尼还是对我充满了信心:我对电影一无所知,他让我决定,从来不干涉我。与塞尔吉奥·奇蒂合作，收获很多，无论是开始时小说中的对话还是现在的电影剧本。我感到和他合作很轻松，他精通很多方面。

斯 ——— 您所有的剪辑工作都是由尼诺·巴拉里完成的，他看起来应该是与您合作时间最长的同事了吧？

帕 ——— 是的，在这个方面，我还是信任专业的工作人员。巴拉里很实际。他剪辑过上千部电影。巴拉里全是好点子，作为罗马人，他有一种讽刺感，所以他能够帮助我把握程度，他代表了大众的声音。但就算这样，我也从不让他自己工作。我们通常会一起剪辑，他只是负责技术方面的问题，把片段连接起来。

斯 ——— 在前面的访问中，您谈到了两个计划：一个是《塞尔瓦焦神甫》，另一个应该是一部关于神圣的，像圣法兰西斯之类的，我知道《塞尔瓦焦神甫》由于《软奶酪》而被搁置了，另一个计划呢？

帕 ——— 是的，到目前为止，《塞尔瓦焦神甫》还只是一个脚本而已。当时，我的另一个计划是《亵渎》（*Bestemmia*），后来放弃了，因为拍摄了《马太福音》。但我还是继续把它写成了一个诗歌形式的剧本，它最终会出版，因为我已经花费了五六年的时间。[42]

斯 ——— 您会不会把它拍摄成一部关于夏尔·德富科尔这样的人物的电影？

帕 ——— 不，夏尔·德富科尔是另一个还不太成熟的计划。

我想抓住这个想法，再加上其他一些关于神圣问题的想法，拍摄一部关于保罗生活的电影，打算从 1969 年春天开始拍摄。电影的内容影射着现代生活，纽约是古罗马，巴黎是耶路撒冷，罗马是雅典。我试着找出一系列现代世界首都和古代世界首都的类比，实际上我确实这么做了，例如，开场时，保罗是个伪君子、卖国贼和反动分子，和刽子手一起，目睹圣斯蒂芬被谋杀而无动于衷。这一部分将在电影中表现为和纳粹占领巴黎的情节进行对比，保罗是个反动分子、巴黎卖国贼，杀死了反抗的人。整部电影都是类似的变换的。但是，我会十分忠于圣保罗的原文，台词也是他在信中的词语，不加改动。

斯 ——— 但是，在完成《定理》后，您会不会拍摄那部影片？

帕 ——— 不。我目前的计划，并且有投资方的，是《一个第三世界国家诗歌的笔记》，将在非洲、印度、阿拉伯国家、拉丁美洲和北美黑人区拍摄。在每个地方都会拍摄完整的一场戏，一半是为了纪录片，一半是为了考察地点，为将来的电影做准备。影片将采用非直接叙述的手法，就像是讲故事。我以前是那么想的。但是，就在上周，我改变了想法，因为我觉得这样的电影可能并不吸引观众。正如我前面说的，电影中包含公众。但是，如果我就第三世界拍摄一部影片，那么很明显，我的目标就是那些精英们了。这样的电影将是一部散文，不是一部叙述性电影，因为我并不庸俗。我唯一能够吸引很多观众的方法是，根据观众的层次，改变我的电影，但我是不会那样做的。您知道，第三世界国家的观众已经习惯了印度史诗和索菲亚·罗兰。还有一件事，这部影片对于马克思主义和学生运动有些争端。我现在还不想拍摄这部电影。我会一点一点地拍摄完成，因为它是我非常想做的事情。

我决定拍摄一部普通的电影，分为两部分：第一部分称为《放荡》（*Orgy*），第二部分称为《猪圈》。《放荡》的剧情是我三年前创作的，在布努埃尔《沙漠中的西蒙》（*Simon del Desierto*）的制片人到欧洲以后，我有了第二部分的灵感，所以他暂时搁置了布努埃尔的作品（那是一部惊人的作品，可能是布努埃尔最好的一部作品）。因此，我设计了该片的情节，然后一直放在抽屉里，时不时有一股冲动，想将它拍摄成电影。简单地说，它是关于一个男人的故事，但不知是在什么年代，大概是在中世纪。这个男人在沙漠中饥肠辘辘，只能吃一些草或是泥土聊以充饥，所以，他实际上已经退化成了野兽。一天，他恰巧走到一个正在发生战争的地方，那里躺着许多身穿盔甲的战死的士兵。所以他偷偷地脱去一位士兵的盔甲，穿在自己身上，这样，就敢去沙漠的边境四处转悠，一天，一队士兵经过。一个掉队的士兵袭击了他。两个年轻人争斗了很久，最终，还是这个在沙漠中一直忍饥挨饿的人获胜了。他坐在那位士兵的死尸旁良久，随后动起了吃掉这个人的念头。他砍掉了他的头，扔进了深壑，开始吃人。渐渐地，又有其他强盗经过，他们结成了一支队伍，全都是食人主义者。他们在那里住了一阵子，袭击沙漠里的过路人，直到有一天，其中的一个人逃到了附近的一个镇子里，那里的封建统治者逮捕了这个队伍。除了他,所有的人都被活生生地烧死了。他被提交审讯,却听不进半句话语,于是被活埋。他的最后几句话表达了他在杀死自己亲生父亲和吞噬人肉时无与伦比的淋漓痛快,他的这些话也是该影片的唯一台词,那基本上是一部无声电影。

第二部分叫作《猪圈》,也是整个这部电影的名字"猪圈"。故事发生在德国的一个工业区,位于科隆附近的哥德斯堡,是阿登纳曾经居住的地方,发生在一个有名的德国工业家(就像克虏伯)或者说是传统的工业世家的别墅中。这个工业家有一个很奇怪的儿子。一个女孩爱上了他,但是他并不接受女孩的爱意,虽然他也没有爱上别人。他说想参加学生运动,但是又没有参加。他一半是国教徒,一半又不是,所以什么都称不上。他的父亲在政治上和经济上有一位有力的竞争对手,一心想要铲除这个对手,通过侦查,发现这位竞争对手是纳粹罪犯,收集了许多犹太人的头骨。就在他打算铲除这位对手时,对手却出现在他的家里,要和他谈谈他儿子的事情。这位对手同样也想铲除竞争对手,所以也进行了一些侦查。对手发现对方的儿子只愿意和猪发生性行为,因为他经常光顾猪圈。所以,这两位工业家——有着纳粹经历的新型资本家和接受过高等教育的传统资本家,联合起来并购。一天,儿子照例来到猪圈,并在那里亲眼见到了斯宾诺莎。斯宾诺莎和他讲述了自己的生活,并告诉他,他对猪的喜爱就像坚信上帝的存在一样,随后离开了。那正好发生在并购仪式的时间。几个农民在仪式中出现,告诉这位老工业家他的儿子让猪吃了。这位老工业家仔细听完全过程，当他知道儿子没有任何东西留下，甚至是一颗扣子也没留下时，便放心了，他对农民说："好的，别把这件事告诉任何人。"这就是电影的结局。

斯 ——— 最近，您对戏剧也很感兴趣，从您的《新戏剧宣言》[43]中可见一斑。据我所知，戏剧已经毫无生气，所以我很想知道您为什么会对它感兴趣。我知道您想颠覆传统的戏剧，但是，在我看来，戏剧不是可以任意革新的一个传统形式。

帕 ——— 这个问题有些难回答，我对戏剧产生了兴趣，然后写了那个"宣言"，其实只是因为我写了一些戏剧文本，但是我也不清楚自己最初为什么会写。前一阵子，我得了胃溃疡，在床上躺了将近一个月的时间，我就拿起笔写了点什么，可是我最先写出来的就是这些诗歌形式的戏剧了。问题在于，我很多年没写过诗歌了，突然，我又开始写了，但是这次是为了戏剧，事实上，我以前写戏剧，从未如此从容过，也没有什么比这更有趣了。这只不过是文本的内容，当然，我对舞台并不了解。可能是因为我在病床上的时候，读了柏拉图的《对话集》，我完全被它的魅力折服。事实上，我接下来有可能拍摄的电影，也可能是我的最后一部影片，继《圣·保罗》和《卡尔德隆》之后，会以苏格拉底的生活为题材，现在还在计划阶段。我知道这是罗西里尼很早的一个计划，但是既然他没有最终决定去做，那么就由我来做吧。

所以，不管怎么说，我写了这六部悲剧，使我想到戏剧，并考虑如何把它们搬上舞台。直到刚才,我还和您想的一样,认为戏剧已经没有了生气。通常我不会自找麻烦,把文本给别人,因为我不想让它们以意大利最通常的方式编排——最起码,在英国,语言不会成为问题,演员的发音很准确。但是,我放在桌子上的六部悲剧促使我找到一个定位,在这个声明中阐释我的理论。

斯　———　《彼拉德》(*Pilade*)是我见到的唯一一部发表的作品,它反响如何?[44]

帕　———　一片沉寂。我还不如发表100页白纸,也能得到这样的反响——但我认为,这也说明了我在"声明"中提到的关于戏剧毫无生气正因为与之息息相关的人都对文化漠不关心。《彼拉德》是迄今为止发表的唯一作品,但是其他的已经准备就绪,我会把它们作为以"彼拉德"为题的不同卷别,因为它是我告诉您的电影计划之一。

斯　———　为什么您说以苏格拉底的生活为题材的影片可能会是您的最后一部影片?

帕　———　这个,我已经谈过了。我也不知该说什么。我想将关于苏格拉底的电影作为我的封山之作,但是,希望在《圣·保罗》和《苏格拉底》之间,还有一些其他作品诞生。拍摄关于苏格拉底的作品,我需要达到一定的境界,挖掘所有的边缘动机,激励我拍摄电影,从而制作出一部没有任何私心的电影、一部纯粹的电影。就像我的《大鸟与小鸟》的一部分，但那只是其中的一小部分。我想要达到更高层次的纯粹和更高境界的忘我。我想和观众建立一种纯粹的关系。所以，关于苏格拉底的生活是我理想的最终电影——我想让其成为我电影生涯的巅峰之作。

电影与理论

斯　——　您写过《猪圈》这个剧本了。之前，有人曾问过您是否会拍一部改编自您小说的电影[45]，您表示不会那样做，因为那感觉像是重复做一件事情。

帕　——　其实，我做的符号学研究让我从理论上把戏剧和电影紧密联系在一起。戏剧其实就是电影长镜头而已。戏剧和电影有很多相似之处：他们都通过再现现实来反映现实。比如，不管是就戏剧来说还是就电影而言，如果我想表现您的话，我就会再现您自己，您的身体、您的表情、您的心理活动、您的动作、您所受的教育，等等。不管是戏剧还是电影，都是通过一个个体来再现另一个个体，通过一个物体再现另一个物体。事实上，我在写戏剧的一幕戏的时候，这一幕戏也可以是电影的一幕，因为我在构思戏剧的时候，也可以说是在拍由一个长镜头组成的电影。把一本书拍成电影是把工作重新再做一遍，因此所有创作它的原始动机都被打乱了，把戏剧的一幕拍成电影确实是在做相同的工作：不需要搅乱什么东西，只是做一点技术上的小小变动。

斯 ——— 但是，在《影片结束时是否要加上"先锋"》(*La Fine dell'Avanguardia*)[46] 一文中，您曾坚持说戏剧和电影有一个等级差别：戏剧是模仿现实，而电影是再现现实。现在您似乎放弃了以前的观点，把戏剧抬高了一个等级。

帕 ——— 是的，您说得对，我把戏剧抬高了，提高到了电影符号学的层次。这是因为我更深入分析了问题，认识到电影是视听技术。毫无疑问我不再把电影看作是一个影像（这种说法修辞上带有某种偏见，且十分荒谬）——电影不是影像，它是一个视听技术。在电影中，文字和声音同影像一样重要。确定了这一点后，高度使用语言的戏剧从符号学上讲和电影有相同的价值。

斯 ——— 列维－斯特劳斯认为在舞台上没法实现的大范围戏剧场景[47]可以通过电影来完成，对于这点您是怎么看的？您对此感兴趣吗？

帕 ——— 不感兴趣，那根本不是我所追求的。我所做的事情是要破除人们关于电影和戏剧是两回事的旧观念，它们两者尽管使用的技术不同，但实质上是一样的。它们都是和现实符号系统相一致的符号系统。在现实生活中您说一句话，紧接着做一个动作，在舞台上，在电影中也是这样，一样的话，一样的动作。不管是在戏剧还是在电影中，这些话或者动作都是语言学符号，它们的原型都在现实生活中。

斯 ——— 我想《彼拉德》之所以反响不太好的原因之一明显在于它的剧本太难读了。不只是戏剧的剧本难度，不管什么种类的剧本都是这样；我发现把那个剧本看作是一个戏剧或是电影不太容易。我可以把《彼拉德》当成诗来读，但不是作为剧本。我想很多人可能跟我有同感。

帕 ——— 我并不这么认为。我在《剧本结构与其他作品结构一样》（*La sceneggiatura come struttura che vuol essere altra struttura*）[48] 一文中就曾提到这一点。我感觉既可以把它看成是一个电影脚本也可以看成是一部戏剧的文本。而若看成是后者也就是戏剧文本，这个文本更有成为其他结构的倾向。我在阅读中把握着这一倾向，并紧随这一倾向的变化：你们所得到截然不同的效果，我也感受得到。即使当我在读一个十分糟糕的剧本时，我总能看出它可能发展成其他的表现结构。因此，这很明显是个人心理的原因。我必须要承认，对于我来说把剧本当成是电影雏形来读比把戏剧的文本当作未来戏剧的雏形读更容易，因为戏剧的文本是比前者更完整的文学剧本，更根植于文学结构之中。

斯 ——— 您批评意大利新前卫主义把语言的艺术都糟蹋了，毫无价值可言。[49] 您这样说是什么意思呢？目前为止您自己本身就是前卫派的一员，为什么您还要去攻击新前卫主义呢？

帕 ——— 我记不清我当时具体是在什么情况下批判它的，但是我可以对此做出以下澄清。新前卫派犯了一个历史性的错误。它认为意大利语是语言 A，它批判这一语言。在他们看来，这一语言 A 纯粹是用于交流，十分口语，且实用性强，而在文学层面上这一语言过于传统、正式，等等。因此他们互相争论，分解这种语言 A 的结构，反对这种语言 A。他们认为通过颠倒短语，随意拼贴词语，用语法或句法的创新制造一种语言学的效果——就能在内容上、在习惯上给读者带来深刻印象，以及等级区别和定式带来的影响，但所有这些看法都是错误的。因为，在我看来，目前还没有所谓的语言 A，有的只是一个正要发展成为语言 B 的语言 A。意大利语是不断发展变化的。他们以为研究对象是固定不变的，但实际上意大利语处于不断的发展变化之中。意大利语是在方言的基础上发展而来的，以佛罗伦萨语为基础，现在它正发展成为一个单一独立的语言，它的发展方向不再是以文学语言为指导，而是在技术语言的指引下发展。意大利语言正在经历一场革命。前卫派的革命志士进行了一个微小的文学革命，而且还是错误的。与此同时，意大利语言整体正在经历着一些更重要的变化。

斯——您是否认为新技术语言在意大利取得了成功呢？

帕——我一点儿都不这样认为。新技术语言在意大利已经初露端倪，而且势不可挡。我们不可能装作它没有发生。但是我不能说它已经发展到什么阶段了，或者准确地说出它将怎样结束：或许它在发展中可能会有中断，我也说不准。但是，从逻辑上讲，我认为那是未来的发展方向，在意大利我把它称之为前卫主义，这已经让很多人反感了。所有左翼语言学者，以及大学教授一直以来致力于就意大利语统一体的辩论表达不满。这一意大利语的统一体是通过融合以佛罗伦萨语为基础的官方语言、市井流行语言，以及地方方言等实现的。事实证明所有这些都是错的。除非共产党占有支配主导地位，除非意大利文化是在工人阶层拥有支配权的情况下发展起来的，这些才有可能是正确的。但事实上这些条件都不满足，因此把各种语言融合成一个统一体的想法是不现实的，只是一个虚幻的梦而已。

斯 ——— 有人曾问过您这样的问题，您的理论和您所拍的电影之间是什么关系？您回答说："这些文本是关于语法的观察描述，和我的写作没有任何关系。这就像是问一个作家什么是动名词，在他的作品中动名词会在哪里出现。我不是作为一个美学家在写作，我作为一个语言学家讲话。"[50] 这两者有什么关系吗？因为看起来这两者必定有什么关系，尤其因为您把您的一篇文论命名为"诗与马克思主义语言"？[51]

帕 ——— 很简单，我只是作为一个业余爱好者写诗。我的理论是在语言学的层面上讲的，不可能找出语法学家和他所写的诗之间的关系，这是两个完全不同的领域。如果我的理论研究是美学层面上的，那么您或许可以问我美学理论和美学作品之间的关系。但是因为我的理论是语言学和语法层面上的，它们之间有着相当大的差距。不过应该说，虽然这不是我的专项，但在书中我的确做了我的理论研究。事实上，那也可以说是我对电影所做的符号学研究，这解释了我拍电影的原因。

斯 ——— 电影和电影批评之间有着很大的差别。您既拍电影又写一些关于电影理论方面的文章。您能不能就您自己的某个电影写一篇电影批评呢？

帕 ——— 我想是的，我可以。事实上，我曾经对一些电影做过分析。在我的一个文本中（最先是在佩萨罗的一个访谈里），我曾经通过分析两部电影的简短片段来证明我的观点，这两部电影的导演分别是奥尔米和贝尔托鲁奇。[52] 我在谈话的时候，用普通的屏幕播放它们，但最初分析这两个片段的时候我使用的是剪辑机。我以前在罗马电影专业学校也曾用剪辑机分析过福特的电影。[53] 那个分析不是从审美的角度做的，而纯粹是从语法和句法层面上做的分析。我尝试通过仔细研究文本来获得分析而不是通过直觉（当然了，通过直觉您能理解任何两个字的内涵）。研究电影风格的第一步就是看电影使用的语言是散文式还是诗歌式的。要是文学作品的话，您只要翻开一看文章是散文体还是诗歌体就知道这个作品的风格了，可是要分析一部电影的语言风格却没那么简单。但是从我的分析中可以看出，电影的语言风格也很容易得出。分析语言风格是做其他更深入的分析前必不可少的一步。我的分析得出福特的语言是散文体的。

斯 ———《诗的电影》是目前为止我所知道的您唯一被翻译成英文的一篇文论[54]，在这部作品中，您介绍了"似梦"这一概念，遭到了很多人的批评。其中，有人批评说，这一概念忽视了这样一个事实，那就是您拍电影的时候跟您在写作的时候相比，对影像的控制更自如。您可以自己选择那些影像，您的选择完全是公开的，而当人们说什么东西梦幻的时候，大意是强调事情的自发性，以及对它发展过程没有控制的能力。

帕 ——— 当我说电影似梦的时候，我并没有很认真地要说什么很重要的东西，我只是很随便地那么一说。我的主要意思就是说影像比文字富于梦幻。您的梦都是像电影似的，而不是像文学作品那样。即使是一个声音，比如，乌云密布的天空里的一个响雷和作者所能想到的最具诗意的描述相比，都更有无尽的神秘色彩。这一点很难解释。作家必须通过高超的语言学手法找到梦幻的意境，而电影和具体的声音就接近多了，不需要任何装饰。它仅仅需要营造一个雷声轰隆、乌云密布的天空，立刻您就能感受到跟现实一样的神秘和模糊的气氛。

斯 ——— 但是在电影中梦总是不明显的 ——— 费里尼的电影中表现梦的镜头看起来简直一点都不像是梦。

帕 ——— 这个原因很简单，是因为电影本身已经是一个梦了。费里尼的电影尤其梦幻，这是他特意要达到的效果：所有东西都被看作是梦，看作是一种超现实，是梦幻的变形，很难把梦加入电影之中，因为电影本身已经有了梦的显著特点。但是伯格曼就没有那么梦幻了，可能更神秘些，但是明显没那么梦幻了：《野草莓》当中的梦十分明显，接近了真实的梦。

斯 —— 在《〈诗的电影〉系统研究》[55]一文中，您使用了"体态语素"一词来描述影像制作的第三种作用，您说通过话语和图像的符号能够实现这第三种作用：这个观点遭到了批评，尤其是批评您把参照与所指[56]混淆了。您现在还坚持自己的观点吗？

帕 —— 不管什么时候我说到体态语素，总是带着试探性和推测性。当我把电影的语言当作语言和符号系统来学的时候，都有一个大前提，那就是把书面语和口语的符号当作是原型或模型是错误的。做类比类推是没有用的，因为可能会有很多符号和交流系统跟书面语——口语体符号有着本质区别。因此，我们必须扩大语言的概念，就像控制论者扩展了生命的含义那样。这一点一直是我的想法的一个基本前提。因此，当我说到语素的时候，我总是试图寻找电影拍摄符号系统和语言学符号系统之间的类比，这跟我上面所说有些矛盾。我从语言学的"音素"类推得到了"体态语素"这个词，它涉及模仿语言，在电影中也尝试并建立双音。我试着在电影中也找出两个相似物，但是没有把它当成特别重要的工作来做，它只是一个可能。

斯 —— 您曾说过电影本身发展势头急剧下滑的时候，人们对电影的兴趣有个很大提高，我十分同意您的观点。您把它归因于马克思主义现在变得流行起来。总的来说，我同意您这个提议。但是您的这个解释并不适用于像美国这样的国家，您认为呢？您只是考虑在意大利的情况吗？

帕 ——— 是的，我想我主要还是考虑意大利以及欧洲导演的一些电影。只要马克思主义还是作为一种文化存在着，欧洲导演的一些电影就会被人们评价为在公众生活中有着相当的分量，因此也找到一个方式让人们发现它，并得以散布。但是如果马克思主义被压倒的话，那些电影就陷入了危机，从某种程度上失去了威望，从那时起欧洲导演的电影便失去了很多支持。因此，这是意大利和欧洲共同涉及的问题，这一点十分清楚。

斯 ——— 您在写《实验室》(*Laboratorio*)时曾说您对叶尔姆斯列夫很感兴趣，因为您说他成功地把价值的概念引入了结构主义[57]中。您知道，结构主义学者对叶尔姆斯列夫大为攻击。您现在还想沿着他的路线进行您的研究吗？

帕 ——— 我十分不同意法国结构主义学者的观点，不过，他们中也有我很欣赏的人，像列维-斯特劳斯。而且事实上我的文章的结论就是完全抛弃"结构"一词，而使用"过程"一词。一个结构能够发展是因为有促使它发展的价值，这些价值某种程度上是内在于结构之中的。但是不应僵化成法国旧式的唯理论。我选择"过程"这个词正表明我不同意结构主义，价值的想法就是从这儿来的。

斯 ——— 在《诗的电影》中，您提到把让观众觉察不到摄影机的存在作为诗意电影的准则。但是有一点让人有些困惑，您的意思是不是说电影本身就很有诗意，如果是这样的话，散文电影又是如何表现它自己的呢？其二，如果它生来就富有诗意，那么从什么意义上讲，让人们意识到摄影机的重要性决定了电影是否诗意呢？

帕——— 在我看来，电影十分富有诗意而且它本身就具有诗意的性质，原因就是我上面所说的：因为它似梦，富于梦幻，因为电影是连续的、记忆的或梦的片段，以及它们本身的内容都深富诗意：一张树的照片很有诗意，人物的照片很有诗意，因为这些事物本身都富有诗意，因为它离奇、模糊，充满神秘色彩，因为它有多重含义，因为即使一棵树也是语言学系统的一个符号。但是，谁能通过一棵树谈话呢？上帝，或现实的自己。因此，一棵树作为一个符号将我们纳入和一个神秘讲话者的交流中，电影通过直接再现物体本身表达诗意。这只是问题的一个方面，或者说是前历史的，或前电影摄影技术的。电影是一个历史事实，一个交流手段，而电影也像其他交流媒介一样，作为一个交流手段发展为更细化的分支。文学有散文语言，也有诗体语言，电影也如此。这正是我要说的。因为电影也有自己的语言，所以您不能仅仅根据电影是诗的一种，就认为它本身就是诗意。这诗是前历史的、杂乱的、不自然的。如果您略微看过西方最陈腐的电影或任何旧的商业电影，从一个非传统的角度看，即使是像那样的电影也有梦幻或诗意的一面，这是电影本身所具有的，但是上面这些并不是诗意电影。诗意电影采用了特殊的技巧，就像诗人在作诗时也有其特殊的表现手法一样。您打开一本诗集，就会发现它有着什么样的风格、韵律，等等。您可以把诗的语言被看作是一个工具，您可以数一数诗句的音节。诗里的这些风格、韵律等您在电影文本中通过摄影机的运动和蒙太奇手法等也可以感受到。因此，拍电影就好比是作诗。

《定理》和意识形态危机

[BBC；佩：利诺·佩罗尼；帕：帕索里尼]

（一）①

BBC —— 在《定理》中，您对资产阶级表现出某种同情，甚至可以说是怜悯，这是为什么呢？

帕 —— 这是我第一次以资产阶级生活环境为背景，和资产阶级出身的人一起拍摄影片。以前从没有过，因为我不能和一些我无法忍受的人一连几个月住在一起，定剧本，然后拍摄影片。

我憎恶资产阶级小布尔乔亚式的庸俗，这庸俗的表现之一是他们矫饰的"礼节"。可能最让我无法忍受的是他们平庸的

---

① 节选自 BBC 电视采访片段。

文化素养。

不管怎样，我决定和特伦斯·斯坦普一起拍摄这部关于资产阶级的影片。但我挑选的是些不那么惹人厌恶，并且能引发人们某种同情心的人——他们是典型的资产阶级，但不是最下流的资产阶级。另外，按照常理，对于所有人，包括资产阶级，我都应该怀抱着某种感情。

BBC ——— 对于特伦斯·斯坦普饰演的角色，您怎么看？他真的与宗教有关吗？——他到底是谁？

帕 ——— 根据男演员的外形和心理特征，我对角色进行了调整。起初按照我的计划是：这个"访客"是个繁殖神，典型的前工业时代的宗教神、太阳神，《圣经》中的神、圣父。然后碰到一些事，很自然地，我得抛弃原先的想法，所以我把特伦斯·斯坦普设计成一个超离尘世的玄妙的幻影：他可能是撒旦，或者是集上帝和撒旦于一身的混合体。但重要的是，他是可信的，是不可阻挡的。

BBC ——— 为什么《定理》会引发这么大的争议呢？

帕 ——— 有很多原因，但严格说来，既不属于文化上的，也不是电影上的。首先可能是因为它处在当时攻击基督教会的旋涡中心，后者分为左派、右派，等等。这部影片得到左派基督教教徒的认可，但遭到了元老院和教会保守派的猛烈抨击。我认为主要原因就是这个。

（二）①

佩 ——— 最近的几部电影，如《大鸟与小鸟》、《颠覆者》（*I Sovversivi*）、《战争结束了》（*La Guerre est Finie*）和《中国女人》（*La Chinoise*），似乎都有一个共同点，即它们都——在不同程度上，并取得了不同程度的成功——涉及了"意识形态危机"这个主题，请问您对这一趋势怎么看？您打算继续沿着这个路子往下走吗？如果是，那么往哪个方向呢？

帕 ——— 是，我打算继续走下去。实际上《定理》确实也这么做了……这部电影要说的大概是这样：一个资产阶级不管做什么，都是错的。除了一些历史错误，比如对国家的概念，对上帝的概念等，资产阶级所做的任何一件事都不对路，不管这事情有多么真诚、深刻和崇高。在得出最终评判之前，必须得停止在我之前（也就是1967年之前）对资产阶级进行的绝对不可避免的批判，因为现在资产阶级正在经历一场变化。现在已经没有理由像以前那样，对资产阶级表示愤慨和怨怒，因为它正在经历着一场革命性的变化，这个革命把每个人都变成了小资产阶级：全人类正在向小资产阶级转化。于是新的问题又出现了，这问题必须由资产阶级自己来解决，而不是由工人或者反对党。资产阶级，或者"天然的"资产阶级能否解决这些问题，我们有不同的意见。这也是为什么影片是

---

① 利诺·佩罗尼1968年秋采访帕索里尼的片段。

"悬而未决"的原因,影片以一声叫喊结束,这叫喊本身的缺乏理性也正表现了答案的缺乏。还有一些政治和意识形态的主题(如宗教和政治争论、对资产阶级的愤怒等,这也是《大鸟与小鸟》的特点),这些在影片结束时都变得明朗了。

佩——— 除了重现资产阶级的生活环境氛围和资产阶级的人物,您在《定理》中还尝试其他新东西了吗?其中,您暗示说自己身为作者对那些神话中和史前的人物抱有"虔敬"的态度。从《大鸟与小鸟》以来,您的关于存在的态度,以及受其影响的艺术风格,似乎都一直在发生变化。那么,您对于《定理》中资产阶级出身的(因此,又可以说是反派的)人物是持什么样的艺术态度呢?

帕——— 向资产阶级生活环境氛围的转变完全是形式上的。我拍的这部电影不是关于资产阶级的行为和生活方式。另外,这些资产阶级根本不开口(这部电影几乎是无声的),他们不用自己的表情表演,他们也没有态度。我看待他们也是用我所谓的"虔敬"的态度,这是我看待人类的方式(迄今为止,这里的人类是游民无产阶级)。这些资产阶级不是从现实的或论战的角度来呈现的,这跟一些刻画他们生活模式的影片(如阿帕西诺和切德尔纳的作品)不同。如果把资产自己的这些表面形态都剥掉,那他就是完全赤裸裸的了,这也确实是他的本质。所以您看到的人物就是一些比较绝对的,从我的"虔敬"和"神话"般的方式表现出来。

佩———《定理》的中心人物——特伦斯·斯坦普饰演的角

色——他的真实性代表着公正或者爱吗？

帕 ——— 这个人物是模棱两可的，介于天使和魔鬼之间。他英俊、善良，但是也带着庸俗（因为他也是资产阶级的成员）。不开化的资产阶级没有不庸俗的，只有文化才能净化他们。而他身上的庸俗气息，也让他得以融入那些资产阶级中，所以他本身是模棱两可的。另一方面，他所引发的爱是真实的，因为这是一种无须妥协的爱，一种引发争议的爱，它毁灭，也改变着资产阶级对自身的看法。唯一真实的就是这种爱，而引起它的正是这个模棱两可的人物。

佩 ——— 那么它跟圣·马太的基督，您的基督没有关系了？

帕 ——— 这个人物不能被认为是基督，他可以是上帝、圣父（或者代表圣父的信使）。这是个《旧约》中的访客，不属于《新约》。

佩 ——— 因为您的电影和您的文学作品总是紧密相关，那《定理》是否和您以前的作品有关系呢？它和您近期文学作品的联系有多紧密呢？

帕 ——— 我在《定理》中的思想是以一种奇特的方式获得的。大约三年前，我开始第一次为剧院进行创作。我写完了六个韵体悲剧，原本《定理》是第七个——我起初就是用韵体悲剧的形式来创作它的。后来我意识到如果用无声的方法来表现这种神性的访客和那些资产阶级角色间的爱，会更加美好。然后我开始考虑如果把它拍成电影，那会更好，但我还不知道怎么着手来做。我完成了第一稿,写得很简略,然后开始动手修改,直到把它变成电影脚本,接着,我又改回去,使它丰满起来,这样它又变成了独立的文学作品。总结起来,《定理》经过了两个阶段:第一阶段,它是一出被摒弃的剧作;第二阶段分为两个方面,一个是电影上的,另一个是文学上的。

生命三部曲：
《十日谈》《坎特伯雷故事集》和《一千零一夜》

问 ——— 您能谈谈"生命三部曲"的本质动机和意义吗？

帕 ——— 想同时既对抗左派过度的政治化与功利主义，又对抗大众文化的虚伪性。也就是想要拍摄那种您可以在其中找到肉体的存在意义，以及已经失落的生命力量的影片。在我的"生命三部曲"里，我尝试——以一种彻底的、绝对的方式——将我自身绑定在存在意义的领域……现在，肉体存在的极点就是性了……让我再另外添加一些什么东西。有人说性的问题是在政治领域之外，这个说法是不真实的——它们是具有政治性的。为什么四十多年来，马克思主义的文本从来不谈论自由恋爱呢？为什么？马克思就谈过自由恋爱……那是因为马克思主义又重新吸收了马克思主义诞生时代的文化背景和风俗习惯。[58]

问 ——— 您的"生命三部曲"不仅具有视觉美感，而且均取材于传统文学作品,您重拍它们的文化价值何在?

帕 ——— 这些文学作品在创立一个文学传统的同时,它们也第一次提供了关于意大利社会未来面貌的一种早熟的、预言性的意象。也就是说,薄伽丘的《十日谈》已蕴含了意大利的小资产阶级以及意大利的世界……《坎特伯雷故事集》则蕴含了莎士比亚以及现代英国世界。而《一千零一夜》的传说,虽然不知道作者是谁,然而也创立了一个世界,一个国家,一种文化。[59]

问 ——— 请具体而言,比如《十日谈》?

帕 ———(在《十日谈》里)我创造了一种纯粹完美的类比:我饰演一个意大利北方的艺术家的角色,这个角色来自于意大利有根据的历史史料:(确切讲是根据真实的)那不勒斯圣基亚拉教堂墙壁上的壁画。况且,我也是历史上的北意大利人,也到那不勒斯去拍摄了一部现实的电影。因此,在角色与作者之间存在着一种类比的关系……在一部(电影)作品之中还包含了(绘画)作品。[60]

问 ——— 在叙事上似乎也打破了常规结构?

帕 ——— 萨德的伟大发现不仅在于使叙事框架——一种如同在《十日谈》中的假借性和文学性的叙事框架——生动而且真实,而且在叙事框架与叙事本身之间创造了一种如镜子般相互反射的关系形式来达成这种生动而真实的效果。叙事框架与叙事语料库[①]是通过一系列彼此之间巧妙的类比,而非完全认同的情境来加以联结。最后结果是一种无限反复的累积(其中核心的故事起着一种叙事框架的作用),加上另外反复累积的600个故事,总体承载了一种超越宏伟的叙事尖点。[61]

问 ——— 您曾在不同地方谈到"生命三部曲"要创造出一种"净化的"、同时风格化的性欲,特别是《一千零一夜》中那个古老而遥远的世界中的性爱关系究竟意味着什么?

帕 ——— 我或许可以反复地说,对我而言,性欲亢奋就是第三世界的美。正是这种形态的性关系——猛烈的、激情昂扬的、愉悦的——仍然存在于第三世界之中。在《一千零一夜》中,我做了一次几近于完整的叙述,虽然我也已将它加以净化,并经过前面的安排,几乎是有情趣的。而且剥离了它(性场面)的机械性和动态性。[62]

问 ——— 似乎情欲场面与人物命运也联结到了一起,而且往往超出人们的常规期待?

帕 ———(我)总是将运用一种超出常规的"陡转"来显现它自身命运的"出场"作为起点。然而,任何一个不规则

---

① 按照语言学概念,语料库涉及语言的不同种类,语料库可以分为单语语料库、双语平行语料库和多语语料库。而帕索里尼从《十日谈》600个传说故事的"语料库"中选取精粹,再加上他自己虚构的故事构成"双语平行语料库",将传说故事与虚构故事、远古文化与现代文化进行类比,使影片的叙事结构和叙事文本十分生动,更赋予多义的文化内涵。

的"陡转"必然产生另一个不规则的"陡转"。无数不规则的"陡转"便构成了一条连续不断的链条。而这一链条更符合逻辑、更组织严紧,而且使(那种具有生命活力和激情升华的)传说更本质、更美丽。但是,不规则的异常所组成的链条总是倾向于回归常态。在《一千零一夜》里,每一段故事的结局都包含了那种令人沮丧的命运的"消失",而回归到日常生活中的恬静快乐。[63]

政治与性：帕索里尼评萨德①

[巴：吉迪安·巴克曼；帕：帕索里尼]

皮埃尔·保罗·帕索里尼不久前去世，他的职业生涯也随之结束。至于他的死亡经过，相似的情节可能会出现在萨德的某本小说中。而他的一生则对意大利的文学（他也是一位诗人和小说家）、语言学、社会学和电影都产生了深远影响。

据说，唐纳蒂安·阿尔丰斯·弗朗索瓦，也就是萨德侯爵，只花了37天时间，每天从晚上7点写到10点，就创作出这本无与伦比的《萨罗或索多玛的120天》。这是迄今为止第一部描写性变态的著作，并且是残本。残本中一半多的文字只是列举种种变态行为，缺乏对社会问题和政治的深刻洞察力。而这种洞察力正是萨德大部分著作的特色，并确立了他在大革命前

---

① 吉迪安·巴克曼（Gideon Bachmann）在《萨罗或索多玛的120天》拍摄过程中对帕索里尼的谈话录。原文载《电影季刊》，1996年第2期，总第29期，版权归巴克曼和《电影季刊》所有。

的法国文坛的地位。

从来没有人把萨德的作品作为素材拍成电影。而帕索里尼不仅这样做了,而且偏偏挑中这本洋洋 25 万字的巨作残篇,作为他新电影的主题,并且为此还放弃了已经开始的计划,这不能不让人感到诧异。据他所说,通过这部电影,他想要回归到对政治的关注,既然如此,他完全可以挑选一部影射性弱一些、哲学性强一点的作品作为素材。

但是和帕索里尼见面,并和他探讨过自己的疑问后,就清楚了他的想法和计划。他选取了一个关于四个道德败坏的"绅士"的故事。他们用所想到的一切暴行来折磨人,受害者难以计数。萨德故事的背景是 17 世纪瑞士的一幢别墅,而帕索里尼却把故事放在了 1944 年的一个乡村庄园里,地点是意大利北部的萨罗法西斯共和国——墨索里尼的头号堡垒。萨德抨击上帝和自然,而帕索里尼抨击的是权力和剥削。对帕索里尼来说,性施虐狂是对阶级斗争和强权政治的性比喻。

同时,他也无法隐藏一个事实,即性施虐的纯粹感官方面也吸引着他,他也承认这一点。他把这部作品作为个人的陈述,从而为它增加了第三层东西——他说,这部作品也给自己提供了一个重温青春时代的机会。在学生时代,他逃离博洛尼亚,住在一个小村庄。这个小村庄就位于影片中的那个法西斯附属国里。也是在这个时期,他的哥哥被纳粹枪杀,他自己是个有党派的人,那时他创作的诗,第一次给自己带来了文学声誉。

影片拍摄从 3 月 3 日开始，巧合的是，短暂的拍摄日程定在 4 月 14 日结束——刚好也是 37 天的工作日。不同的是，萨德在 37 天里写出了 120 天内发生的事，帕索里尼却只描述了 3 天。他希望电影在削减和浓缩中，集中表现为适合当今评判萨德的作品，也需要人们通常对待萨德作品时的宽容：把他的作品看作一个整体，并置于历史背景下。萨德呼吁法国大革命，但革命并未给他带来多大好处，而帕索里尼似乎已经放弃了对现代革命的希望。可能他觉得即使是成功的革命，也总会让人失望。

帕 ——— 我计划把萨德使用的"上帝"这个字眼替换成"权力"。性施虐者总是强大的人群。在故事中，这四个"绅士"分别是一个银行家、一个公爵、一个主教和一个法官。他们共同组成了权力。这个类比很明显，不是我发明的。我做的只是加一点自己的东西，把故事现代化，让它变得复杂。

巴 ——— 萨德的作品还有什么深远和持久的意义？

帕 ——— 他指出一个事实，即身体变成了商品。我计划在影片中拿性作比喻，用一种虚幻的方式，象征剥削者和被剥削者之间的关系。在性施虐和强权政治中，人类变成了物体。这个相似性也就是这部影片的意识形态基础。

当然，我不打算拍一部禁欲的、政治的、清教徒式的片子。很明显，我对这些性施虐狂本身非常感兴趣。所以影片就有两个基本角度：政治和性。

巴 ——— 您怎样把这个故事素材现代化呢？

帕 ——— 可以这么说，是用一种自传的方式。回忆我住在萨罗共和国，在弗留里的那些日子。当时那里已经是德国人的地盘，政权被吞并，纳粹党派来一个地方长官管理居民，我已经记不起他的名字了。1943 年到 1944 年，这里被称为"亚得利亚沿岸地区"，从 9 月一直到战争结束。我在那里度过了可怕的岁月。总是有大规模的党派活动，我哥哥就是在那里死的。我们那个地区的法西斯是真正的杀手。爆炸频繁发生，头顶上的飞机不分昼夜地飞向德国。那个时代，充斥着暴行、搜查、处决、荒废的村庄，一切都无济于事，我受了很多罪。

巴 ——— 您具体住在哪儿呢？

帕 ——— 在我母亲的家乡——卡萨尔萨。小时候我常到那里过夏天。后来我从读书的博洛尼亚又逃回那里去。我常写诗……那些诗作也成了我第一批弗留里诗作。我 1922 年出生……

巴 ——— 马克思主义能使身体不变成商品吗？个人不还是要"出卖"自己的劳动力，自己的体能？

帕 ——— 马克思对权力的定义是：把人类商品化的力量。一个人对另一个人的剥削是一种性施虐的关系。而操纵权力的不论是工厂主还是专制君主，都没什么不同。不过，我还没有足够的经验来回答这个问题。不管怎样，我们经济生活的这种性施虐性质的组织形式不是工业时代的发明，它先于我们的时代。

巴 —— 官员不也是权力操纵者吗？

帕 —— 是的，这也可能。不过跟权力拥有者相比，被赋予权力的人在使用时也许会有所不同。在我看来，中间有一个基本的心理上的差异。据我看，俄国工厂的工人确实有种感觉，即他，他本身就是国家，因此工厂也属于他。

巴 —— 这不过是一个改头换面的神话罢了。

帕 —— 但多了一种基本的意识。就我在俄国所见，人们有这种根本的、不同的感觉。它可能确实只是一种心理感受，却正是关键所在。

巴 —— 您有时难道没有这种感觉——平等不过是人类的发明罢了？所有等级关系的建立都基于恐惧，在自然界中，顺从的天性和驾驭的天性一样强大。只有我们人类赋予了这些基本的天性不同的价值……

帕 —— 在我看来，顺从的天性一直没怎么发生改变。基督教是由上而下强加给人的，而人们的生活似乎并未受到它们的影响。一种文化总是要取代另一种文化，但它们都是人类生活的方式。这种顺从天性和弗洛伊德的"死亡意愿说"很相似，它与掠夺性的爱共存。在这方面，基督教没能改变什么，因为它是作为统治阶级的宗教强加于人的。人类的天性依然如故。

引起改变的只有一个体制，那就是消费主义。它成功地改变了统治阶层的心理。它也是唯一触及所有阶层的体制，并带来了一个新的侵略性姿态，因为在消费社会，进取心对个人是必要的；而顺从姿态，比如，一个恬淡寡欲的甘受命运摆布的老农民，在今天一无是处。如果一个人接受自己落伍的、陈旧的和低等的地位，那他会是什么样的消费者呢？他必须争取提高自己的社会地位！就这样，突然间，我们所有人都在变成一个个小希特勒、小一号的权力追求者。

巴 ——— 这么说来，是消费主义普及了权力意识？而您想通过制作一部充斥着小萨德的影片，指出这一点？工业化的暴行？全球性的性施虐？不涉及感情的性关系，同时也是现代社会关系的特色？

帕 ——— 是的，但不仅仅是这些。我想攻击的是我们自由中的肆意纵容行为。到目前为止，社会都在压迫着我们。如今它只是提供了一个虚假的纵容幌子。其实，影片里的一个人物说过："当社会压抑一切事物时，人类可以做出任何事情。而当社会开始容许某些事物时，人类只能做出某些事情。"这就是我们新自由中可怕的双重底线。比先前的更要盲目保守。

巴 ——— 您这次要采用知名演员吗？

帕 ——— 不会。只有两位四十来岁的女演员：卡特莉娜·布拉多和埃尔莎·德乔治。她们扮演的是叙事人的角色。我把这两个角色从老妓女改为更加含糊的角色，为其留一点空白。

我并不真想把影片直接跟萨罗共和国联系在一起。这只是时代所处的背景而已。四个男士是当时的法西斯主义者。他们受过很好的教育，饱读诗书，能读懂尼采、洛特雷阿蒙，当然也包括波德莱尔的作品，但他们不像有名的知识分子。这四个角色也有些模棱两可。剧本创作时，除了某些发生在法西斯共和国的情节给人以隐讳的阐释或延伸空间外，我尽量避免心理描写，以及任何事实。故事发生在两个地方，一是在萨罗，即墨索里尼最后的战斗之地，一是在马尔扎博塔，希特勒屠杀了那里整个镇上的人，酿成了一场可怕的灾难。或许有些德国人还记得此事。

巴 ——— 故事情节与萨德的小说一致吗？

帕 ——— 是的。影片叙述了四个统治者纵酒策划狂欢并最终得到实现。影片最后所有人都死去，这是最后的屠杀。四个统治者离开了靠近马尔扎博塔的城堡，前往萨罗，并在那里遭人暗杀。这让我想起墨索里尼去科莫湖的情景。我把影片分成了多个部分，就像但丁的《神曲》，并从另一方面赋予其但丁式的结构，这是一种特定的神学垂直叙事结构。很长时间里我一直想尝试这种方法。后来，我看了当代法国哲学家莫里斯·布朗肖、洛特雷阿蒙和萨德的作品，毅然决定冒险尝试一下。我曾经放弃拍一部关于圣·保罗的电影。可能这个故事在今天看来更有意义吧。

巴 ——— 您是否大量改编了故事情节，使其适应今天的社会？

帕 ——— 事实上我并没有这样做，当然除了故事发生的背景和意大利包豪斯①设计风格的装饰之外。您知道，这样改编使影片带有墨索里尼的帝国主义色彩，我们还采用了一些费宁格②、塞韦里尼③和杜尚④的油画作品，以及其他这一时期的作品来做城堡的室内装饰。我们的布景设计师但丁·费拉提还花大力气刻意营造出墨索里尼时代的腐败的生活气息。这样一来，观众会相信这群淫荡的统治者居住的城堡曾经是一个受过良好教育的犹太人被充公的居所。例如，行刑的情节，我采用了四种至今我们法律仍执行的形式：绞刑、枪决、勒死和电椅。这些方法都是萨德没有想到的，也是他怎么也想不出的。此外还有其他一些当代的方法，比如，有个男孩被一拳打死；有个女人自杀了。所有的这些经过现代化的处理，但并未改变其本质。我试图不让人看出明显的修改痕迹，也不想用长柄大锤给这个政治敏感的国家再来一击重锤。

---

① 包豪斯（Bauhaus）为德国著名建筑流派，德国著名建筑大师格罗皮乌斯（Walter Gropius，1883—1969）在1919年创始包豪斯艺术学院，并担任校长。作为一种设计体系在当时风靡整个世界，在现代工业设计领域中，它的思想和美学趣味几乎影响了整整一代人。

② 利奥奈尔·费宁格（Lyonel Feininger，1871—1956），包豪斯创始人格罗皮乌斯于1919年请来同他一起在魏玛授课的首批画家。

③ 吉诺·塞韦里尼（Gino Severini，1883—? ），意大利未来派画家代表人物之一。

④ 马赛尔·杜尚（Marcel Duchamp，1887—1968），美国达达主义社团的组织者，又是国际达达主义的领袖、超现实主义的支持者和鼓动者。有的评论家把杜尚称为后现代主义的鼻祖。

巴 ——— 在您所描述的地狱般的城堡里，但丁式的分割有哪些呢？

帕 ——— 狂热、泄愤和血腥。起初我想表现120天中的3天，但现在，实际拍摄起来，所有的场景都汇流到一起了，没有明显的分割。影片成了一场神圣的仪式，所有残忍的行为都带有特定的风格，遵循细心制定的规则。我还给四个男主角写了对话，这些对话部分从布朗肖和克洛索斯基的作品中借鉴过来，添加了势利小人式的典型事件，以此来表现四个男主角彼此埋怨误引材料或是混淆作品的情节。影片中没有作为背景陪衬而在关键时刻戛然而止的那部分音乐是卡尔·奥尔夫所作的《布兰诗歌》①，这是典型的法西斯音乐。影片还采用了一些其他知名的曲子。最后一个"当代"因素是我采用的一组年轻人作为群众演员，这群人身穿法西斯制服，手执机枪。

巴 ——— 影片中的那些情绪呢？大部分参与演出的都不是专业演员，我还发现直到演出真正开始时您才把台词给他们。这样的话，会让人在摄像机前很难进入角色。在这些施虐者和受虐者相互交流时，您想要表现哪些情感？如果有的话？

帕 ——— 我并不希望通过情感来制作电影，但我可以借用影

---

① 《布兰诗歌》（Carmina Burana）是一部13世纪的神秘诗稿，是目前所知的保存最为完整且最具艺术价值的中世纪诗歌。卡尔·奥尔夫（Carl Orff，1895—1982）从这部诗稿中选取25首诗歌，谱成同名音乐剧《布兰诗歌》。帕索里尼在《萨罗或索多玛的120天》中直接选用了《布兰诗歌》中的音乐，使残酷的影像与美妙的音乐构成了激烈冲突与对比。

片中人物的一句台词。最后一场屠杀时，他们建立了这样一个规则：四个男主角中，轮流一个人扮演刽子手，其余两个作为他的同僚，另外一个到窗台上去观看。台词是这样说的："因此，我们中的每个人都轮流有机会享受沉思的哲学乐趣、共谋的悲惨乐趣以及杀人的无限乐趣。"但由于电影是一场仪式，所以我还得提醒他们不要表演得过了火，不要以过分愉快的心情做事情。我发现自己指导演员时会使用像"僧侣式的"或是"庄重的"等字眼。

巴 ——— 我发现比起您其他的电影，您在这部电影里给予了演员更多精确的指导。事实上，这部电影与您先前的影片在结构上有哪些不同吗？

帕 ——— 这次我想拍出一部不同往常的影片，从某种程度上讲更加专业一点。比如说，在其他电影作品中，我通常用目视的方法来指导演员，涉及台词的部分都会让他们自己去发挥，我也不介意他们没有准确说出台词或是自己做了小小的改动。但这次我希望即使非职业演员也能表演得很专业。以前我总要在剪辑室选出拍摄时连续收录的即兴连贯的最佳台词，然后反复地使其声（画）同步或进行后期配音，最后再从原来剪辑掉的镜头里把有明显裂缝（穿帮）的地方连贯起来。这次我拒绝再使用这种方法，而坚持台词的准确表达，以制造出连贯的戏剧结构。我原本希望这部电影能像水晶一样，清晰明白，不像我之前拍的那些影片一样，排山倒海、混乱无章、过多修饰、失却平衡。影片经过精心的计划，我也是头一次对非专业演员感到很棘手。我无法像以前那样赋予他们很多自由和创造。这次都得调整过来。

巴 ——— 那您为什么几乎不用排演？我发现您几乎是马上就开始拍摄，帮演员纠正错误后还要重拍。

帕 ——— 我试图找到一条令人愉快的中间道路。演员经常不能很好地重复台词，因为他们根据自己的理解将自身置于其中。他们的直觉也可采用，我不想错过演员对一场戏的本能理解，没准这还是个很愉快的巧合。另一方面，除非达到我想要的效果，我会一遍一遍地重拍。我试图使他们不要太为自己的失败而过度负责，而马上拍摄的话能让他们觉得我们是一起在工作。偶尔，他们忘记台词时，我会在第一次试镜时记下来，然后把台词分成两个镜头拍摄，但是这种情况非常少见。我的原则是：不希望使用任何镜头来制造停顿差异，任何镜头、任何删剪都应有意义。

巴 ——— 您还通过其他哪些方面使影片明白清晰？

帕 ——— 通过动作、合成、后期制作以及一切正式的电影制作元素。我追求完美，现代主义对形式的不屑对我来说是一种异化，因为观众已适应了特定的电影语言。整个结构犹如幻象包裹着这些可怖的事情，这是萨德的贡献，也是法西斯主义者的"贡献"。我希望传达虚构的高雅和精确。我以前的方法相对更现实一些，因为拙劣地完成一件事然后将其不规则地组合起来比通过规则很好地完成某事要更真实。这部电影相对不真实些是因为它更加完美。

巴 ——— 您拍这部电影是在效法萨德吗？

帕 ——— 并非如此。尽管他的写作风格相当优美，但他仍不是每次都试图使每一页作品无可挑剔的那类作家。实际上，他的作品里有些地方写得真不好，但也不时有异常优美的语句点缀其中。就像"所有的这些都是好的，因为它是多余的"，真是有趣的措辞。不过，我觉得他如果能如此在意，他应该能达到我所追求的优美的境界。

巴 ——— 我猜他在巴士底狱时可能没有条件来关注作品是否优美。这需要金钱、安宁以及整洁的环境，这些都是物质方面的。

帕 ——— 当然。但我认为，说到底，他本身其实并没有那样的优美。他不会关注作品的连贯。他是一个结构的高手。他总能很好地操控结构，精心设计，优雅动人，《萨罗或索多玛的120天》就有很精确的结构基础。其他时候，他的结构都是开放式的，就像排列在手风琴琴键上的思想，灵活自如。

巴 ——— 您觉得您和萨德有某些相同之处吗？

帕 ——— 恐怕没有。我在一个文明的环境里长大，接受教育，这个环境注重艺术的形式。因此，作品对我来说很重要。我也着实能感受到艺术的真实。

巴 ——— 我这样问是因为很好奇。欣赏您的作品时，我发现您看起来好像是个性急的人。您急于要将已有的想法变成事实，憋不住要表达出来，几乎对于把它们转化成意象您都是迫不及待的。而萨德，至少在这部残缺的作品里，也就是您这部电影的基础，也似乎有点急不可耐，创作欲望不可压抑，作品也丰润厚实。

帕——— 我看起来急切仅仅是因为我内心的热切渴望。当您发现自己身处优美的乡村，四周都是友善的人们时，您会热切起来，想尽可能多地占有这些东西。我常常就像果园里的美食家，通过获取来经历现实。对于这种疯狂状态我有个方法：我去收集材料，以便今后拍电影时用到。我得收集许多素材，回家的时候就有一大袋了，这样才有更大的选择余地。这次却不一样。所以我愈来愈急切。首先，我拍摄的大部分都是室内场景。我想拍出一部形式上完美的电影。所以，我无法继续无原则地收集资料。拍摄期间，我必须比以往拍电影更加有条不紊。我已经拍过这样的电影，像《定理》。我的小说，从另一方面看，又像岩浆一样喷涌而出，但有清晰的结构。不过有东西吸引我时，我经常容易随性。我的小说中有些章节就非常的不协调，言语也很夸张，比如，将各种情景堆砌在一起，使用太多细节。

巴——— 您创作文学作品时，您也像拍电影那样，一边想一边创作，根据当时的心境调整每个部分？

帕——— 我想我同时采用两种不同的思维。一种是结构的原则，通常很精准。但是在这个结构中，我发现自己可以混沌地整合素材。我所有的电影，除了《定理》之外，都是这样拍摄出来的，我写作部分《猪圈》书稿时也是如此。但是，当我制作电影采用隐喻手段或寓言手段时，我必须严格操作。您所表达的所有事物都有很精确的意义，不能随意选择。在《定理》里，所有的事物都具有寓意，因此都是有用的，意义重大。我不允许自己随意迷失在瞬间的直觉中。这部电影也是如此。它不像《定理》那样富有寓意。《定理》是一场关于上帝和人类关系的直接的对话和辩解。

巴 ——— 但您这次也使用了隐喻和寓言。影片中描绘的性的误用象征了什么？

帕 ——— 异性恋中的自由已经是义不容辞的。那种自由是剥削的一种形式，也是对顺从的一种独裁。夫妻已成为一种痴狂、一种负担，年轻人觉得他们绝不能结成夫妇。这也是对性的一种误用。就像在萨德作品中，这也是对权力的滥用和人类肉体的摧残。肉体被迫出卖了，自己逐渐失却人性的灵魂。

巴 ——— 如果萨德是生活在今天的时代，其论述也以心理分析为基础，您觉得他是否更容易被人们接受？

帕 ——— 我想他还是会遭到迫害。心理分析仍是个理性的、备受争议的工具，只有很少一部分人掌握了这门工具。牧师和法官对此都是不甚了了。它至今仍只是特定社会精英的文化特权。我没有在电影中采用这一手段，就像我没有使用现代社会感性理解社会的方式一样。我完全不想要引起人们的同情，事实上，如果我这样做的话，电影就失去了它的讽刺意味。在这方面，我也非常忠实于萨德的原著：我并没有去着重表现那些观众偏袒的受害者。将同情作为这个电影的元素可能会很糟糕，没有人可以同情。那些哭喊着撕扯头发的人们会让所有人在五分钟之内离开电影院。总之，我也不相信同情。

巴 ——— 您在电影中引用了克洛索斯基的一些话，能举个例子吗？

帕 ——— 我随意抽取了几个片段。比如，他对爱情或是性爱的姿势和手势的讨论，这些动作总是不断地重复。最终他得出结论，口交者的姿势是所有性爱姿势中最典型的，因为它们是最无能的、最无效的，也是最没有道理的，因此也是不断重复的性爱里最具有表现力的动作，同时也是最机械化的。这对于死刑执行者和施虐者来说更糟糕，因为他只有一次机会尝试自己的姿势。对他来说，问题是数量的多少，因为他要杀死成千上万的人，而不只是一个，才能重复他的姿势，或者他必须学会相信一直在杀人却又不是杀人。我在影片中使用的这种可能性，不是萨德作品里的。我从克洛索斯基和布朗肖处借鉴的第三点是他们所祈祷的上帝的形象。所有这些将肉体作为蹂躏对象的尼采式超人都是上帝在地球的代表。他们一直模仿的都是上帝。否认上帝的同时，他们也承认了上帝的存在。

巴 ——— 粪便学意义①的主题从未在电影中使用过，您的电影将成为首次在屏幕上生动刻画性变态的影片。这无疑会引起强烈的反响。从隐喻手法来考虑，这一主题代表了什么？

帕 ——— 主要代表了生产商、制造商逼迫消费者食屎。所有的这些工业食品都是毫无价值的垃圾。

与其说是把它当作更具有毁灭性的宿命，还不如说是把它当作一种排泄物与渣滓，与其说它关联到对于已经失落的"快乐原则"所进行的一种粗暴、迷乱的探求……还不如说它关联着一种将物质视为罪恶的宣告，将性视为被置放于暴力与排泄物内的悲哀与本能。在这里，畸形学变成了粪便学，性只是集体暴力在人际的一种变形；人与人之间的关系被人性中的恶魔所主宰；人性流露出疏离与敌意；被长着羽翼的恶魔所鸡奸的罪人，或者被滚烫的烙铁所强暴的妇女等意象，预示了《萨罗或索多玛的120天》中的种种败德。②

巴 ——— 您如何看待这部电影在您的《尤拉全集》（Opera

---

① scatological 直译为"粪便学的、淫秽"之意，此处译为"粪便学意义"，直接暗示了当代西方学界一些理论家的观点。帕索里尼的谈话中也阐明了在现代消费社会中，消费者被迫"食用的工业食品都是毫无价值的垃圾"。影片中"粪便圣餐"直接暗示和批判了所谓的现代消费文明和法西斯强权政治的残暴，不堪入目的"粪便影像"深刻暗示了人类现代消费文明所造成的严重危害，以西方为首的"迷途的羔羊"们，正时时刻刻贪婪地把地球有限的资源变成粪便。

② 此段为增加部分，译自米西切（Miccichè）文集《帕索里尼：莫雷特与历史》（Pasolini: La morete e la storia），以便更加清楚地理解帕索里尼本片中的内在含义。

Omnia)① 中的位置?

帕 ——— 这是我尝试拍摄的关于现代社会的第一部影片。

---

① *Opera Omnia*:第一个单词 Opera 直译为"歌剧",具有吟唱、赞美、史诗般韵味;第二个单词 Omnia 在拉丁文的原意是"无限",此处象征智慧的无限,因此,人们把 Opera Omnia 翻译为《尤拉全集》。而真正的尤拉(Leonhard Euler, 1707—1783)是出生于瑞士的著名数学家,他是一位多产的数学家,一生著述盛丰,《尤拉全集》共 73 巨册。*Opera Omnia* 成为智慧的象征。巴克曼把帕索里尼丰富多彩且富于文化内涵的系列创作誉为"尤拉全集"似的智慧,璀璨无限。

《萨罗或索多玛的 120 天》[①]

问 ——— 您早期作品中是否有与这部电影类似的?

帕 ——— 有。您可能会想到电影《猪圈》。但我建议您回顾一下《狂欢》,这是我 1968 年亲自导演的一部戏剧性的电影。我在 1965 年开始构思这部电影,1965 年到 1968 年间同《猪圈》同时完成写作。《猪圈》本来叫作《定理》,也是想拍成电影的。萨德通过"残酷剧场"和布莱希特也牵涉进来。我以前不太喜欢布莱希特,后来突然就有点喜欢他了。我对《猪圈》或《狂欢》都不满意:异化、间离或是残酷都不是想要的效果。

问 ———《萨罗或索多玛的 120 天》呢?

---

① 本篇节选自《未来的生活》,1975 年 3 月 25 日,米兰。

帕 ——— 是的,《萨罗或索多玛的120天》的确是一部"让人痛苦的电影",它非常残酷,以至于我都得同它保持距离,假装不相信它,以一种置身事外的方式展开……请让我说完刚开始谈到的那个之前有无类似电影的话题。1970年我正在卢瓦尔河谷为《十日谈》寻找拍摄地时,被邀请去参加图尔斯大学学生的答辩活动。佛朗哥·卡涅塔当时在那里教书,他送给我一本关于吉尔斯·德·莱斯的书,还有一些他调研的文件,觉得这些可以为我提供电影素材。我认真思考了几个星期,然后就放弃了。我那时已经全身心投入到"生命三部曲"中。

问 ——— 为什么?

帕 ——— 一部"让人痛苦"的电影会很直白地影射政治——那时的政治既具破坏性又处于无政府的混乱状态——因此是不真实的。也许我觉得,或者我预言,我那时能做的唯一真实的事情,就是拍一部以性为主题的电影,其中的兴奋可以弥补这种压抑(结果也确实有效),一种行将永远结束的压抑。从那时起,"忍耐"将会使性爱变得悲伤和令人困扰。在三部曲中,我从先前的现实主义电影中发掘了幽灵的形象。当然,不去谴责什么,而只是蕴含一种对于"迷失的时代"的热烈的爱,这种热爱非常强烈,以至于不只形成对人类状况某些方面的不满,更是对整个当前社会的谴责,并且持有非常悲观的心态。现在我们就生存于这种现实之中,非常冷酷的现实,但我们得去调适自身。我们的记忆一向不好。我们面对的是今天发生的事情:因为忍耐而造成的压抑是所有压抑中最残酷的。性不再让人愉悦。年轻的一代龌龊、恶劣、颓败、令人绝望。

问 ——— 这就是您想在《萨罗或索多玛的 120 天》中表达的吗？

帕 ——— 我不知道。这是我的体会——我当然不能置之不理。只是一种感觉。这是我头脑中思考的，也是我正在接受的煎熬。因此，也许这就是我想在《萨罗或索多玛的 120 天》中表达的。性关系是一种语言（关于这一点，我之前有过很明确的阐释，尤其是在《定理》中）：现在这种语言或符号系统在改变。在过去几年内，这种性语言或符号系统在意大利发生了根本性的改变。我不能逃避社会语言学习俗的进化，包括性语言的改变。当今，性已变成对社会职责的履行，毫无乐趣。这就衍生出一种与我所习惯的性截然不同的性行为。因此，对我来说，这种创伤几乎难以忍受。

问 ——— 简而言之，涉及《萨罗或索多玛的 120 天》……

帕 ———《萨罗或索多玛的 120 天》中的性是对我们生活状态的体现或是隐喻：性是义务（恩惠），也是丑陋。

问 ——— 可是我觉得，您似乎还有其他的目的，也许不是那么深入，但是更为直接。

帕 ——— 没错，这是我最终想达到的效果。除去对性关系的隐喻（必需的和丑陋的），这是现实生活中的忍耐强加到我们身上的,《萨罗或索多玛的 120 天》中所有的性爱(其实不少)也是对于权力和受制于权力的关系隐喻。换句话说,它体现了马克思关于人类具体化的思想:通过剥削而使得躯体物化。因此,性在我的电影中扮演了让人讨厌的隐喻角色。这与"生命三部曲"完全不同(假如说在压抑的社会里,性同样是对于权力的嘲笑)。

问 ——— 但是《萨罗或索多玛的 120 天》不是以 1944 年萨罗为背景展开的吗?

帕 ——— 是的,在萨罗和马尔扎博塔。我把那种权力将个人转变成对象(如更好的 Miklós Jancsó 的电影)、法西斯权力,还有此处萨罗共和国的法西斯专制作为一种象征。当然,我们在应对的正是这种象征。以古老的权力表现这个更容易些。事实上,在整个电影中,我留下了足够的空白余地来拓展那种古老的权力,把它作为所有人类可以想象得到的权力的象征。然后……在此处……权力是无法无天的。简言之,没有哪个时代的权力比萨罗共和国时期的权力更嚣张。

问 ——— 萨德是如何牵涉入内的?

帕 ——— 萨德确实牵涉在内,因为他可以说是无政府主义权力时代最伟大的诗人。

问 ——— 以何种方式?

帕 ——— 以权力,任何权力,立法的和行政的,都有些残忍的东西。实际上，在它的规则和实践中，除了默默认可，眼睁睁看着强者以最原始和盲目的暴力强加于弱者身上——剥削者对被剥削者的暴力——别无其他作为。被剥削者的生活是绝望的，他们的幻想是不现实的，最终是永不得实现的，而权力则以规则的形式悠然体现。萨德的强大阶层只管制定规则，然后定期实施。

问 —— 请允许我回到实际的一面，这些是如何在电影中表现出来的？

帕 —— 很简单，或多或少同萨德书中四个强大的、实在的和武断的人（公爵、银行家、法官、主教）相似，他们都把身份卑微的受害者蜕化为"所有物"。这在神秘剧中常有体现，也可能是萨德的初衷，它有一种但丁式的框架——地狱、炼狱和天堂三部曲。借代转喻的角色的主要形象是罪恶的积聚，还有夸张法（因为我想超出可以忍受的极限）。

问 —— 四个怪物将由谁来演绎？

帕 —— 我不知道他们是否将成为怪物，但是他们都是受害者。演员的选择依然按照我通常的做法。我选了一个临时演员，阿尔多·瓦莱蒂，他演了二十多年的戏却从未说过一句台词。还有我的一个老朋友，乔治·卡塔尔迪，我拍摄《乞丐》时遇到了他，然后是一名作家，还有演员保罗·博纳切利。

问 —— 谁来演那四个女人？

帕 —— 三个漂亮的女人，第四个是一名钢琴家，她们是海琳·苏格纳、卡特琳娜·博拉托、埃尔莎·德乔治和钢琴家索尼亚·萨维安。我在威尼斯看了保罗·维基亚里的一部电影《女人，女人》(Femmes Femmes)后选了两名法国演员，她们在影片中演得非常漂亮——在法国背景下很显"高贵"（真的是这样）。

问 —— 受害人呢？

帕 —— 所有的男女都非专业演员。女演员主要从模特中选，因为她们当然得有好身材，而且最重要的是，她们得敢于展现自我。

问 —— 您在哪里拍摄？

帕 —— 在萨罗（外景）和曼图亚（内景和诱人的外景）、博洛尼亚以及周边地区，里诺的小镇将取代马尔扎博塔毁坏的村庄。

问 —— 我知道拍摄两周前就开始了，能透露一下目前的工作吗？

帕 —— 您饶了我吧，没有什么比导演谈论自己在拍摄现场的工作更敏感的了。

注释

[1] 帕索里尼在 1968 年夏天又开始谴责学生运动。参见《意大利共产党致青年人！》(*Il PCI ai giovani!*)，载《新论点》第 10 期"新系列"(*nuova serie*)。对帕索里尼文章的一些反应可参见《新论点》和 1968 年 6 月 16 日的意大利《快报》(*L'Espresso*)。

[2] 但是 G. 保罗·普兰德斯特拉尔（Gian Paolo Prandstraller）用普利斯玛 3/4 型相机为帕索里尼拍照，并注明是"皮耶尔·保罗的坚信礼照片"，它被确认是作者的私人相册所收藏。

[3] 您或许知道，蒙塔莱是意大利的主要诗人，虽然我认为意大利最具有生命力的伟大诗人是彭纳（Penna），他完全不受任何人的影响，或许引用过亚历山大的诗。蒙塔莱受庞德影响很大，并且通过蒙塔莱，庞德影响了整个时代的年轻诗人，包括最近的"先锋派"——如圣圭蒂（Sanguineti）。无论如何，蒙塔莱代表了一种"隐逸派"（hermeticism）的边缘。

[4] 在法西斯青年大学。

[5] 弗朗切斯科·莱奥内蒂在帕索里尼多部影片中扮演了角色：在《马太福音》中扮演希律王，在《大鸟与小鸟》中作为乌鸦的配音演员，在《俄狄浦斯王》中扮演底比斯国王拉伊俄斯（Laius）的仆人，在《云是什么？》中扮演木偶大师。他也是编剧，目前是《谁炮制了先锋派评论？》的主编。

[6] 罗伯托·罗韦尔西，诗人、评论家和《学报》（*Rendiconti*）（意大利巴勒摩数学会学报）主编，创办如《工作坊》等评论杂志，在博洛尼亚有他的书店。

[7]《工作坊》评论杂志从 20 世纪 50 年代中期在博洛尼亚正式出版发行，帕索里尼的大多数作品于 1960 年在米兰《激情与意识形态》卷中被重印。

[8] 罗伯托·隆吉：著名艺术评论家和史学家、威尼斯画家和费拉拉学校专家、波隆尼亚《文化评论》的编辑。帕索里尼在《罗马妈妈》中对隆吉用了隐喻："他是我比喻人物的受益人。"

[9] 在意大利和德国之间停战：当然，它意味着军事上的暂时平息，并且是意大利与德国的战争眼下的结束。帕索里尼制作了关于普契尼（Puccini）的赛拉芬（Serafin）版本影片《幽谷的九月战车》（*Ii Carro Armato del Settembre*）。

[10] G．帕斯科利（Giovanni Pascoli，1855—1912）。《帕索里尼关于他的"俄狄浦斯王"》（*Pasolini's rex on him is ira officina*）载 1955 年 5 月《工作坊》，现在做了少许的修改，载《激情与意识形态》（*Passione e ldologia*）。有一篇关于帕斯科利的著名文章载《十字架艺术》（*Cross*），选自《意大利新文学》（*La Letteratura della Nuova*），巴里，1954 年。

[11] 埃乌杰尼奥·蒙塔莱（Eugenio Montale，1896—1981），1896 年 11 月出生在热那亚。在第二次世界大战之后，他在保守党的《米兰日报》旗下的每日《晚邮报》做编辑。他是一个有名望的评论家、翻译家和诗人。

[12] 加布里埃莱·邓南遮（G．D'Annuzio）的对立

派"黄昏派"(由 G.A.Borgese 命名)的代表诗人加扎诺(Guido Gozzano)和塞尔吉奥·格里查纳分别代表两种主要趋势。他们的诗歌,虽然比邓南遮的诗更大胆,然而几乎所有诗都是关于死亡的。

[13]《回答〈意大利文学批评中的八个问题〉》(*8 Domand sulla Critica Letteratura in*)载《新论点》第44—45页,这是帕索里尼关于马克思主义的整体角色和意大利文学批评中最富于启迪意义的文论。《理工大学》是战争结束后由埃利奥·维托里尼(Elio Vittorini)即时建立的理工大学的批评刊物,它是毅然地追随马克思主义的独立政治中的一个政治团体,最终在1947年后期崩溃了,只能从周刊变为月刊。它一直处于意大利共产党强烈的压力下,这一点在维托里尼和陶里亚蒂之间的来往信件中被证明了。在马克思主义的文化中保留先锋派的政治经验总结。参见弗朗哥·福尔蒂尼(Franco Fortini):《剪切与"综合技艺"》(*Che tosa e stato 'Il Politecnico'*),载《弗朗哥·福尔蒂尼》(*Franco Fortini*),米兰,1957年10月冬季号。

[14] 阿尔贝托·阿瑟·罗莎（Alberto Asor Rosa）的相关文论，载《作家与人民》(*Serittori e Popolo*)，罗马，1965年。

[15] 见《新论点》第44—45页。

[16] 见阿尔贝托·莫拉维亚：《对政治漠不关心是意大利人文主义实践的经验主义者的退化》(*Qualauguismo is the practicist-empirisist degenerasion of Italian humanism*)。并且还以这个名义在战后直接爆发了一个右翼政治运动。

[17] 唐·米拉尼是一位神甫——死于癌症，他居住在巴尔比亚纳，并为生活在波隆纳和佛罗伦萨之间方圆一英里的山区的孩子们建立了一所小学校。他写了一本关于他在巴尔比亚纳的经历的书，然后给他的一群学生写了一本题为"致大学教授的信"（又译"给一个女校长的信件"）的书，我主张您去读一下，看看这些出生于偏僻地区的农民的深层背景，比南部地区更为落后——至少有强盗行为和一些革命传统——表现出一部分美国新左派的明显特征。

[18] 见《身份》(*La posizione*)，载《工作坊》1956年第1期。

[19] 弗朗哥·福尔蒂尼：《哪个时代的意大利诗人》(*Le poesie Italiane di Questi Anni*)，载《梅纳波》(*Il Menabo*)，1960年，第2期。一部20世纪50年代晚期意大利诗歌的精彩概要。福尔蒂尼是一位卓越的诗人、评论家，他从理工大学到《工作坊》、《对话录》(*Ragionamenti*)、《罗西日志》(*Quaderni Rossi*)和《皮亚琴蒂尼日志》(*Quaderni Piacentini*)一直扮演了多个重要角色。帕索里尼承认他拍《大鸟与小鸟》时得到了他的恩惠，参见《梅纳波》，1960年，第2期，第59页。

[20] 阿尔贝托·阿瑟·罗莎的相关文论。

[21] 给《污染》(*Contamination*)的一份充分的声明，见帕索里尼在电影实验中心出版的《黑白》(*Bianco Nero*)杂志上(1964)的讨论文章，这是英语版《电影季刊》(1965年第18卷，第4期)一个被删减的版本。

[22] 隐喻：见《谈话录》，载《电影评论》，1962年1

月，第 116 期；《电影文化》（*Film Culture*），1962 年春季号，第 24 期。

[23] 基督徒民主党导致政府依靠右翼，包括君主主义者和法西斯主义者，在他们支持下发生了 1960 年夏天的大范围的游行示威。

[24] 见《电影评论》，1962 年 9 月，第 125 期。

[25] 《自然主义的恐惧》（*La Paura del Naturalismo*），载《新论点》，第 6 期。

[26] 在影片中，帕索里尼与莫拉维亚和穆萨蒂在开始前和拍摄中有机会对素材做了某些审查。

[27] 即《帕索里尼的影片》（13 分钟），对这部影片的讨论，参见路吉·法切尼（Luigi Faccini）：《电影语言假说的批评》（*Una ipotesi cinematografico di linguaggi critico*），载《电影与影片》（*Cinema e Film*），第 1 期。

[28] 影片在遭到普遍反对后，反对什么呢，看起来是反对乔瓦尼的种族主义，尤其是古阿瑞斯奇（Guaresch

导演的《愤怒》部分，整部影片都被经销商（华纳公司）利用反对乔瓦尼的种族主义事端永远埋没了。令古阿瑞斯奇悲伤的是，他的《愤怒》票房在海外市场结果是可怜的。

[29] 载《新论点》第6期（新系列）。《团结报》是意大利共产党日报。

[30] 英国经销商建议把"马太"（St'）改换标题，反对帕索里尼的表达意图，同样把"欢乐的"对话从奉献给约翰二十三世处切开。

[31] 帕索里尼的一些朋友在影片中扮演角色：诗人加托扮演安德鲁，评论家恩佐·西西里亚诺扮演加南的西蒙，小说家金泽伯格（Natalia Ginzburg）扮演"马太"的玛丽，莫兰提的兄弟马尔切罗扮演约瑟夫。

[32] 载《电影评论》1963年夏季号。

[33] 关于此事见赛拉诺（Jose L. Serrano）：《反对〈马太福音书〉》，载《电影主题》（*Temas de Cine*），第37期；cf. Felix Martialay：《皮耶尔·保罗·帕索里尼的虚伪声望：

一个"烧焦的"导演》，载《电影意识》，1965年5月17日；及M. Casolaro, S.J.：《皮耶尔·保罗·帕索里尼电影中的文学和精神》及《一种智慧正统的"焦灼"视界》，载《电影论坛》(*Cineforum*)，第40期。

[34] 莱奥纳尔多·夏夏（Leonardo Sciascia），意大利西西里出生的小说家，在意大利政治电影风行时期，其许多作品被搬上银幕。代表作有《白天的猫头鹰》《各得其所》《你死我活》等。

[35] 罗西里尼撰写了文章，热心地称赞《大鸟与小鸟》使用了多语种传播文本的形式。

[36] 由关于陶里亚蒂的葬礼的新闻纪录片剪辑成的影片。

[37] 原始情节仍然取自于《大鸟与小鸟》中大量从未使用的原始素材。

[38] 娱乐（插科打诨）是指在电影正片放映之前，有时（偶尔增加）一段表演：如喜剧、女孩的舞蹈等等杂耍

娱乐。这种形式在一些大都市的电影放映中仍然存在。

[39] 这部电影片名后来从《70年代的福音》(*Vangelo' 70*) 改为《爱情与愤怒》(*Amore e rabbia*)，帕索里尼拍的那一部分片名从《无辜的无花果》(*Il Fico lnnocente*) 改为《原野的花》(*Il Fiore di Campo*)。

[40] 意大利电视台谈话录，载《电影手册》，第192页。

[41]《访谈》，载《电影评论》，罗马，1965年4—5月，第156—157页。

[42]《塞尔瓦焦神甫》(*Il Padre Selvaggio*) 的情节可参见《电影与影片》(*Cinema e Film*)，第3、4期；《亵渎》的片段可参见《电影与影片》，第2期。

[43]《新戏剧宣言》，载《新论点》第9期（新系列）。

[44]《彼拉德》，载《新论点》第7—8期（新系列）。

[45] 载《电影评论》，罗马，1962年9月，第125期，转引自帕索里尼：《电影与影片制作》，1961年1月。

[46] 载《新论点》第 3—4 期。引自克里斯蒂安·梅茨：《对真实电影的印象》(*A propos de l'impression de realite au cinema*)，载《电影手册》，第 166—187 期。阿帕拉 (Adriano Apra) 在《电影评论》第 163 期也对此做了优秀的评介，谈论了麦茨、帕索里尼、侯麦之间的关系和地位，当前讨论的问题与 20 世纪 30 年代早期在苏联讨论的问题有关联。

[47] 参见与列维－斯特劳斯的谈话录，载《电影手册》第 156 期。

[48] 参见《新论点》第 1 期（新系列），现收入《大鸟与小鸟》文集和法国《电影手册》第 185 期。

[49] 参见《实验室》(*Laboratorio*)，载《新论点》第 1 期（新系列），以及《一个马克思主义语言学家诗人的笔记》(*Appunti en poète per una linguistca marxista*) 一文。

[50] 参见《电影评论》，罗马，1967 年 2 月，第 174 期。

[51] 参见《一个马克思主义语言学家诗人的笔记》，

载《新论点》第 1 期（新系列）。

[52]《作为书写的语言》，载《新论点》第 2 期（新系列）。两部影片是《凝固的时光》（奥尔米）和《革命之前》（贝尔托鲁奇）。

[53] 从帕索里尼的描述，这似乎是指《苏格兰围场的犹太勇士》（*Gideon of Scotland Yard*）（约翰·福特，1959）。

[54]《诗的电影》，载《电影手册》（英文版），第 6 期。

[55]《〈诗的电影〉系统研究》，载《电影评论》，第 163 期，罗马，1966 年 1 月。

[56] 特别参见萨尔蒂尼（Vittorio Saltini）：《关于电影语言的一种假设》（*Sulla presunta razionalita del linguaggio filmico*），载《新论点》第 2 期（新系列）。以及巴德利（Plo Baldelli）：《语言结构中的意识形态》（*L'Ideologia nelle strutture del linguaggio*）。这两篇文论最初发表在 1966 年的《比萨罗音乐节》（*Pesaro Festival*）

集刊，并主要是针对帕索里尼 1965 年《诗的电影》一文的干涉。

[57] 特别详细的文论由叶尔姆斯列夫（Hjelmslev）1957 年在奥斯陆发表。

[58]《帕索里尼不欺骗大众》(*Pasolini ne triche pas avec le public*)，载《青年电影》(*Jeine cinema*) 1973 年 11 月，第 74 期，第 10—11 页。

[59]《帕索里尼与米歇尔·曼哥斯谈话录》(*Pier Paolo Pasolini,Interview with Michel Maingois*)，载《变焦镜头》(*Zoom*) 杂志，1974 年 10 月，第 24 页。

[60]《帕索里尼谈话录》(*Intervista con Pier Paolo Pasolini*)，载《60 年代电影》，第 96 页。

[61] 帕索里尼：《叙述的叙述》(*Descrizioni di descrizioni*)，都灵 Einaudi 出版社，第 275 页。

[62] 帕索里尼：《爱神与文化：与费罗谈话录》(*Eros e culmra：Interview with Massimo Fino*)，载《欧洲》杂志，

1974 年 10 月 19 日。

[63]《诺迪对 45 个导演的寻访》(*Cited by G.L.Rondi in his Sette domande a 45 registri*)，托里诺（都灵）S.E.I. 出版社，1975 年，第 213 页。

帕索里尼生平与创作年表

1922 年　3月5日生于意大利博洛尼亚。父亲是法西斯军官，母亲是墨索里尼的反对者。帕索里尼在加尔瓦尼中学和博洛尼亚大学完成学校教育。战时被征入伍，战后他和家人避难费留里，在中学任职，并以该地方言发表诗作。

1947 年　加入意大利共产党，同时开始阅读意大利共产党精神领袖葛兰西的著作，成为战后意大利艺术界著名的马克思主义者。

1949 年　被意大利共产党以同性恋为由开除出党（帕索里尼后来将这一事件描述为"党证遗失而自己懒得再换"），并被学校开除教职，遂携母亲赴罗马定居。

1950 年　1月28日与父亲分离，与母亲一起离开卡萨尔莎前往罗马舅父家。开始两年没有稳定工作，只好在罗马"电影城"做临时演员和文字校对工作，母亲做家庭老师，靠母子俩微薄的收入度日。此间，仍然坚持写作，这位罗马青年共产党投给报刊的第一篇稿件，最后刊登在右翼的天主教报刊上。

1953 年　终于获得一席教职，任教于罗马郊区的贫民学校，深入体验了社会底层平民黑暗无望的生活。

签订一份文学出版合同，编撰出版了第一本重要方言诗歌年鉴《20 世纪的方言诗》，受到好评。同时出版了《弗留里方言诗歌集》。

1955 年　编撰出版了第二本诗歌年鉴《意大利通俗诗》。

与好友弗朗切斯科·莱奥内蒂和罗伯特·罗韦尔西等人共同创办评论杂志《工作坊》。

帕索里尼在上面发表了一系列重要文章，表达了在文学、艺术、政治、社会意识形态等方面的见解，后收集在《激情与意识形态》中出版（1960）。

发表了短篇小说《生之儿女》，后收入第一部小说集出版,但受到"猥亵性出版物"的指控,后撤销了指控。

创作第一部电影剧本《河边的女人》(与乔治·巴萨尼合写,由马里奥·索尔达导演、索菲亚·罗兰主演)。

1956 年　开始为贝尔托鲁奇、费里尼、波罗格尼尼等导演写电影剧本,其中最重要的电影剧本有《卡比利亚之夜》(1956)、《甜蜜的生活》(1960,与费里尼合作)、《暴风雨之夜》(1959)、《漂亮的安东尼奥尼》(1960,与波罗格尼尼合作)。帕索里尼 1965 年将这些电影剧作收集在《有着蓝眼睛的翅膀》中出版。

1957 年　出版重要诗集《葛兰西的骨灰》,受到广泛好评,并确立在文学界的地位。

1959 年　出版小说代表作《暴力人生》。

从肯尼亚的战俘营归来的父亲逝世。帕索里尼将一本 1942 年以弗留里方言写就的诗集题献给父亲。

1961 年　　拍摄处女作《乞丐》，该片获次年的卡罗维发利国际电影节评委会特别奖。

1962 年　　拍摄《罗马妈妈》，开始了意大利"后新现实主义"风格的探索。该片获得当年威尼斯电影节俱乐部联盟奖。

1963 年　　拍摄《洗洗脑子或者罗戈巴克》中的《软奶酪》。《软奶酪》只放映一次即被永远禁映。帕索里尼本人也因该片"渎神"而被判处四个月的监禁。
　　　　　拍摄《愤怒》。

1964 年　　拍摄《爱情集会》；改编并拍摄《马太福音》，该片获国际天主教电影协会奖。此时帕索里尼的创作偏离了早期对贫民生活的关注，转向神话和意识形态方面，开始了对构建史诗宗教的探索。

1966 年 　拍摄《大鸟与小鸟》《女巫》。

3 月，因胃穿孔入院治疗，其间创作了《卡尔德隆》《寓言故事》《彼拉德》《猪圈》《狂欢》《畜生的风格》六部悲剧剧本，提供了"话语戏剧"的范本。其中唯一由作者亲自完成和最终定稿的是《卡尔德隆》，也是唯一获得作者授权付印的一部剧本。其余五部均于作者逝世后发表。

10 月 2 日，来到美国纽约。与奥利娅娜·法拉奇会面，后者在她刊登在 1966 年 10 月 13 日《欧洲》杂志上的一篇谈话录里详细记录了这一会面。美国当时正处于黑人民权运动、女权运动、反文化运动、反战运动等社会运动盛行之际，动乱的社会现状令帕索里尼颇感兴奋好奇，并持欣赏态度，认为那是"一场伟大革命发生的前夜"。

1967 年 　拍摄完成《俄狄浦斯王》、《意大利随想曲》中的《云是什么？》。

1968 年 　发表《新戏剧宣言》，提出了自己的"话语戏剧"，即一种以思辨为主题的开放性戏剧。发表《意大利共产党致青年人！》，谴责当时的学生运动。

8月，在《时代》周刊上开"混乱"专栏，该专栏一直延续到1970年1月。文章内容遍及电影、文学、符号学、社会学等众多方面。这些文章后来被汇集在《异端的经验论》这部论文集里。该论文集于1972年出版。

拍摄完成《定理》。该片参加了当年的威尼斯电影节影展，获得国际天主教电影协会奖。《定理》在欧洲、特别是在法国获得了巨大的成功，引起了观众和电影评论家的极大的热情和好评。

1969年　　拍摄故事片《猪圈》、《美狄亚》和纪录片《非洲奥莱斯蒂亚德记事》、《爱情与愤怒》中的"纸花"段落。

再次访问美国，接受了时任意大利驻美国大使馆的文化参赞朱塞佩·卡尔迪洛的采访。经济的发展给美国以及欧洲社会各阶级带来的变化令帕索里尼困惑不解，社会发展所呈现出的与他梦想中的"乌托邦"完全背道而驰的趋势更令他悲观绝望。三年前初访美国时的热情与好感已经荡然无存，帕索里尼在采访中对社会政治表现出相当的悲观与失落。访美期间写就《超然和组织》，该诗集 1971 年由 Garzanti 出版社出版，这是帕索里尼生前由该社出版的最后一部诗集。

1971 年　　拍摄《十日谈》。该片改编自薄伽丘的同名小说，获西柏林国际电影节评委会特别奖。

1972 年　　拍摄《坎特伯雷故事集》，该片改编自乔叟的同名故事集，获西柏林国际电影节金熊奖。

1974 年　　拍摄《一千零一夜》。该片获戛纳国际电影节评委会特别大奖。"生命三部曲"表达了帕索里尼对探究古老传奇的现代寓意这方面的兴趣。

1975 年　　拍摄《萨罗或索多玛的 120 天》，该片至今仍为各国禁映，它为帕索里尼赢得了最具普遍性的争议。11月1日，帕索里尼在罗马郊区被一个17岁的男妓用棍棒击杀，时年53岁。

帕索里尼影片一览

《乞丐》（1961，*Accattone*）

《罗马妈妈》（1962，*Mamma Roma*）

《洗洗脑子或者罗戈巴克》（1963，*Laviaomoci il cervello o Rogopag*）中的《软奶酪》

《愤怒》（1963，*La rabbia*）

《爱情集会》（1964，*Comizi d'amore*）

《马太福音》（1964，*Il vangelo secondo Matteo*）

《大鸟与小鸟》（1966，*Uccellaci e uccellini*）

《女巫》（1966，*Le streghe*）

《意大利随想曲》（1967，*Capriccio all'italiana*）中的《云是什么？》

《俄狄浦斯王》（1967，*Edipo Re*）

《定理》（1968，*Teorema*）

《爱情与愤怒》（1969，*Amore e rabbia*）中的"纸花"段落

《猪圈》（1969，*Porcile*）

《非洲奥莱斯蒂亚德记事》（1969，*Appunti per un Orestiade Africana*）

《美狄亚》（1969，*Medea*）

《十日谈》（1971，*Il Decameron*）

《坎特伯雷故事集》（1972，*I racconti di Canterbury*）

《一千零一夜》（1974，*Il fiore delle mille e una notte*）

《萨罗或索多玛的120天》（1975，*Salò o le 120 giornate di Sodoma*）

译后记

本书第一部分由艾敏女士根据意大利原文翻译,并由她统校全书意大利人名、作品原文名称,翻译"帕索里尼生平与创作年表";本书第二部分主要由肖艳丽、余艳根据英文版翻译,张红军翻译部分谈话录和全部注释,并统校全书英文及涉及的部分法文、西班牙文,为读者更好地理解帕索里尼的影像话语以及创作相关的文化背景做了较详细的译注。

阅读电影大师的访谈录和自传,是理解大师及其作品文化背景的重要途径。或许他们所讲的并非全部都是真话,但他们谈话的字里行间无不洋溢着潜在的生命、社会和文化意识,闪现出大师人格结构的动人智慧及璀璨光芒……

人会死去,诗意永存!

图书在版编目(CIP)数据

异端的影像:帕索里尼访谈录/(意)皮耶尔・保罗・帕索里尼著;艾敏等译.—北京:商务印书馆,2018
ISBN 978-7-100-12690-8

Ⅰ.①异… Ⅱ.①皮…②艾… Ⅲ.①帕索里尼(Pasolini,P.P.1922—1975)—访问记 Ⅳ.①K835.465.78

中国版本图书馆 CIP 数据核字(2016)第 267633 号

权利保留,侵权必究。

异端的影像:帕索里尼访谈录
〔意〕皮耶尔・保罗・帕索里尼 著
艾敏 等译

商 务 印 书 馆 出 版
(北京王府井大街 36 号 邮政编码 100710)
商 务 印 书 馆 发 行
山 东 临 沂 新 华 印 刷 物 流
集 团 有 限 责 任 公 司 印 刷
ISBN 978-7-100-12690-8

2018 年 4 月第 1 版　　开本 889×1194 1/32
2018 年 4 月第 1 次印刷　　印张 9 插页 16
定价:59.00 元